AF500061

LA SCIENCE POLITIQUE DU BONHOMME RICHARD.

IMPRIMÉ PAR HENRI ET CHARLES NOBLET,

Rue Saint-Dominique, 56.

LA
SCIENCE POLITIQUE
DU
BONHOMME RICHARD.

DEUXIÈME ÉDITION.

PAR FADEVILLE,

Ancien officier de marine, officier aux Invalides,

AUTEUR DE

Benjamin-Constant, jugé par ses actions, ses discours et ses écrits;
Manuel, id. id.
Lafayette, id. id.
Aperçu critique sur Napoléon et les hommes de son époque;
La République, le comte de Chambord, Louis-Napoléon et un prince d'Orléans;
La voix du peuple est la voix de Dieu;
Histoire populaire de Napoléon Ier.

Prix : 1 fr. 50 c.

PARIS,

CHEZ LEDOYEN, LIBRAIRE-ÉDITEUR,

GALERIE D'ORLÉANS, 31.

1857

DÉDICACE.

AU PEUPLE FRANÇAIS.

C'est à toi que je dédie cet ouvrage, à toi qui n'a point perdu de vue, pendant trente-sept ans, qu'à l'article du traité de 1815 portant une atteinte si grave à ton honneur et à ton indépendance, il n'y avait qu'une seule réponse digne de toi : c'était de faire ce que cet article te défendait ; c'était de rendre le pouvoir à l'héritier de Napoléon II, et de replacer l'aigle impériale sur le drapeau de 1789.

PRÉFACE.

La première édition de cet ouvrage a paru en 1851, sous le titre de : *La République, le Comte de Chambord, Louis-Napoléon, et un prince d'Orléans.*

L'ouvrage lui-même devait paraître en 1840, à la suite de la première édition de l'histoire de Napoléon Ier, que j'avais publiée sous le titre : *Aperçu critique sur Napoléon et sur les hommes de son époque.*

M. Guizot avait dit, peu de temps avant 1840,

qu'une nation ne doit jamais être surprise par les évènements; qu'elle doit savoir d'avance ce qu'elle fera si telle circonstance se présente. M'autorisant de ces paroles, je rappelais les nombreuses morts qui eurent lieu dans la famille de Louis XIV, sur la fin de son règne; je disais que, surtout après le choléra de 1832, qui avait fait tant de victimes et qui pouvait reparaître d'un jour à l'autre, la France, prudemment, avait l'obligation de se demander ce qu'elle ferait si tous les princes de la branche cadette des Bourbons venaient à mourir?

Répondant à cette question, je montrais qu'il n'y aurait que trois partis à prendre : 1° rappeler la branche aînée; 2° établir la République; 3° revenir à l'Empire. Par les faits et les raisonnements, j'indiquais les avantages et les inconvénients de ces trois partis, et je prouvais que l'honneur et l'indépendance de la France, ainsi que son bonheur, exigeaient le rétablissement de l'Empire. On allait commencer l'impression de cet ouvrage lorsque la tentative de Boulogne arriva.

Le public aime à connaître ceux qui lui parlent, pour savoir le degré de confiance qu'il doit leur accorder.

J'étais officier de marine ; je fus cassé en 1815 et renvoyé sans demi-solde, sans retraite, sans rien, et cela pour m'être mis, le 24 juin, à la tête d'un rassemblement exprimant l'opinion générale des Brestois, qui voulaient que l'Empereur continuât à gouverner la France, pour qu'elle pût se soustraire au joug de ses ennemis. J'éprouvai toutes les vexations, toutes les persécutions que la police faisait subir, pendant les premières années de la Restauration, à ceux bien connus pour être bonapartistes.

En 1823, je fis tous mes efforts auprès des hommes que l'on devait croire entièrement dévoués au fils et à la famille de l'Empereur, pour que, par des brochures, et surtout par un journal, on donnât des chefs au parti si nombreux des napoléoniens. Je leur disais : « Notre rôle est « d'autant plus facile, que nous n'avons point à

« attaquer les Bourbons, ils se perdront eux-
« mêmes; mais tirons à boulets rouges sur ceux
« qui se préparent à escamoter la victoire du
« peuple : ce peuple, un peu plus tôt, un peu plus
« tard, détruira ce qu'ont fait les ennemis de la
« France en 1814 et 1815. » Tous mes efforts furent inutiles.

Je me décidai alors à publier mes brochures sur Benjamin-Constant, Manuel et Lafayette; mais, homme tout-à-fait inconnu, ne pouvant point faire de grands sacrifices d'argent, ces attaques n'eurent point le résultat qu'elles auraient obtenues si j'avais été secondé.

Le 29 juillet 1830, après la prise des Tuileries, n'ayant pas pu réussir à faire descendre dans la rue un homme dont le nom, comme napoléonien, était populaire, je fus trouver les principaux chefs des républicains; je leur dis :
« Votre parti n'a que des généraux, le parti na-
« poléonien n'a que des soldats : mettez-vous à
« notre tête. Les ennemis de la France ont mar-

« ché contre elle pour lui ravir la constitution « de 1791; proclamons cette constitution. Ces « mêmes ennemis, en 1814 et 1815, ont arraché « du sein de notre patrie la dynastie nationale : « proclamons Napoléon II; faisons une républi- « que héréditaire comme celle de Sparte. »

Ils me répondirent qu'à un Napoléon ils préféraient un Bourbon, comme bien plus facile à renverser. C'est par la même raison qu'aujourd'hui des républicains s'allient, pour détruire, avec les partisans de la branche aînée ou cadette de la dynastie féodale.

En juin 1831, à l'époque de l'émeute napoléonienne qui commença à la porte Saint-Denis, on m'arrêta, on m'accusa d'avoir été chargé d'enlever le poste de la place du Châtelet. On fit une visite scrupuleuse de tous mes papiers. On saisit une lettre que j'écrivais au général Gourgaud : elle doit être encore au greffe; je voudrais bien en avoir une copie, elle montrerait que je n'ai jamais voulu faire métier et marchandise de mon opinion.

Le général Gourgaud, à cette époque, avait déjà le côté droit dans le parti de Louis-Philippe; mais le côté gauche, le côté du cœur, était encore napoléonien.

Après avoir fait plusieurs allées et venues dans ce qu'on appelle le panier à salade; après être resté plusieurs fois, pendant douze heures, dans l'infecte souricière privée d'air, avec des gens accusés de crime; après plusieurs interrogatoires et plusieurs mois de captivité, je fus relâché.

J'ai donc payé de ma personne et de ma bourse pour la cause nationale-napoléonienne; et cependant je n'ai pas pu obtenir même un billet pour une cérémonie publique ou une fête, où j'aurais bien vu l'Empereur et l'Impératrice : mes jambes ne me permettent point d'aller stationner dans les endroits où ils passent, et où l'on peut les voir de près.

La commission du colportage m'a refusé l'autorisation nécessaire pour que les colporteurs pussent vendre mon histoire de Napoléon Ier.

Je dis tout cela, pour prouver que mon opinion, aussi napoléonienne qu'il est possible, n'est point le résultat d'aucun motif personnel, mais qu'elle m'est inspirée par mon ardent amour pour l'honneur et l'indépendance de la France, et pour le bonheur de ses habitants.

Je le dis aussi pour l'instruction de ceux qui s'attachent à une cause politique dans l'espoir des récompenses qu'ils obtiendraient si elle venait à triompher.

Pour qu'une cause triomphe sans le secours des étrangers, il faut qu'il y ait une infinité de dévouements renfermés dans un cercle trop restreint pour qu'ils puissent avoir cet éclat qui les fait apercevoir; et, en outre, leur nombre, très-supérieur à celui des places et des trésors qu'on peut donner, fait que la presque totalité de ces dévouements n'obtiendront point les avantages auxquels ils croyaient avoir droit de prétendre : leurs chefs seuls seront récompensés.

Aussi, lorsqu'on est dans un rang inférieur, et qu'on veut avoir une opinion politique et lui faire des sacrifices, on ne doit espérer et désirer d'autre avantage, si elle triomphe, que d'en être témoin.

Voir que la cause qu'on a servie, quoique très-obscurément, fait l'honneur et le bonheur de sa patrie ; voir que le chef qui a fait triompher cette cause est à la hauteur de toutes les espérances qu'on avait conçues et annoncées, est un grand, un véritable bonheur qui dédommage amplement de toutes les petites tribulations qu'on peut avoir ouffertes pour cette cause ; mais excessivement peu de personnes se contenteraient de cette récompense, qui cependant, forcément, est la seule qu'obtiendraient le très-grand nombre de ceux qui travaillent au triomphe d'une cause politique.

Pour eux, ne point s'exposer à des dangers,

rester tranquille en goûtant le bonheur de la vie privée, c'est le parti que la raison leur indique, comme le plus conforme à leurs véritables intérêts.

LA SCIENCE POLITIQUE

DU

BONHOMME RICHARD.

Nous nous trouvons tous au rendez-vous à l'heure prescrite : c'est très-bien.

Selon votre désir, j'ai vu le bonhomme Richard ; c'est avec une véritable satisfaction qu'il vous fera part du résultat de son expérience, de ses lectures et de ses longues méditations ; car il pense que, dans un pays comme le nôtre, où le suffrage universel existe, et où, par conséquent, tout Français prend part au gouvernement par la nomination des membres des conseils généraux et municipaux et des députés au Corps Législatif (qui tient les cordons de la bourse), c'est non-seulement un désir très-louable, mais encore un devoir impérieux de bien connaître les diverses formes de gouvernement, pour juger sainement de la meilleure. Mais des paysans, des ouvriers comme nous ne peuvent point, sous peine de mourir de faim, se livrer aux longues études nécessaires pour tirer la quintessence de l'histoire ; ils ne le peuvent point non plus ceux qui, quoique ne travaillant pas de leurs mains, ont peu de loisir à cause de leurs occupations industrielles, n'importe dans quel genre. Lire en courant, à bâtons rompus, tel ou tel historien, n'est propre qu'à faire des demi-savants bien plus dangereux que ceux qui sont tout-à-fait ignorants ; il faut donc que tous les hommes très-occupés, n'importe de quelle manière, accordent leur confiance à des personnes ayant beaucoup étudié et réfléchi, et surtout très-consciencieuses, pour qu'elles puissent extraire pour eux, sous le rapport des diverses formes de gouvernement, le suc, le miel de l'histoire.

Notre réunion a une confiance entière à la probité politique et au savoir du bonhomme Richard ; nous devons donc l'écouter très-attentivement, ce qui ne nous empêchera pas cependant d'user de notre bon sens, de notre jugement, pour apprécier si les conclusions qu'il tirera des faits bien constatés par l'histoire sont réellement justes et conformes à la logique de la raison. Mais j'aperçois le bonhomme Richard au bout de l'avenue, il vient à nous ; voici une chaise pour qu'il puisse s'asseoir, car il est bien vieux, le bonhomme Richard. Mais si ses jambes sont très-faibles, si son dos est voûté, je crois, en vérité, que sa tête est encore bien saine. Le voici. Soyez le très-bien venu, Monsieur Richard ; grand merci de votre complaisance. Vous voilà assis, et nous, nous sommes tout oreilles.

PREMIER ENTRETIEN.

Mes bons et chers amis, avant de commencer nos conversations, il faut que nous convenions de quelques principes, sans lesquels elles deviendraient inutiles ; nous ne pourrions pas nous entendre. Par un signe de tête vous me montrerez que vous êtes, oui ou non, de mon avis. Voici ma maxime fondamentale, que je formule ainsi :

Être aussi heureux que possible dans ce monde, tout en se conduisant de manière à mériter dans l'autre un bonheur éternel ; voilà le but que tout homme raisonnable doit chercher à atteindre. Approuvez.

Maintenant, mettons-nous d'accord sur ce mot de bonheur appliqué au plus grand nombre, au peuple proprement dit.

Dieu n'a point voulu que dans cette courte vie il existât un bonheur parfait. Pour ceux qui sont sur la terre, on peut dire que le bonheur consiste à être le moins malheureux possible.

Un des éléments du bonheur, c'est de ne point craindre à chaque instant pour sa vie et pour celle des personnes que l'on aime, et de posséder en toute sécurité ce que l'on a. Et qui ne possède pas quelque chose ! Le chiffonnier le plus chiffonnier a (au moins en louage) un crochet, une hotte, une lanterne; les lui voler ou les briser, ce serait le rendre malheureux, puisqu'il lui faudrait s'imposer bien des privations pour en avoir d'autres.

Sécurité et santé sont deux choses indispensables pour le bonheur de tous. J'ai entendu dire à des milliers d'ouvriers, et à vous-mêmes, mes chers amis, que le bon, le véritable ouvrier ne demandait que de la santé et du travail. Ce qui altère le plus la santé, ce sont les craintes, les appréhensions, les surexcitations, les espérances déçues, les discussions; les querelles produites par les causes politiques, qui ôtent tout l'agrément, tout le charme de la vie privée, qui font que les meilleurs amis, les plus tendres parents, même les pères, les mères et les enfants se brouillent, ne veulent plus se voir, ou, s'ils se réunissent encore, c'est, malgré toute leur promesse de ne plus s'occuper de politique lorsqu'ils sont ensemble, pour y revenir malgré eux, commencer par discuter, et finir par se disputer. Nous savons ce qu'il en est là-dessus, nous sortons tous d'en prendre. Voilà pour la santé.

Quant au travail, il n'y a pas longtemps non plus que par nous-mêmes nous avons pu juger qu'il est inséparable de la tranquillité publique : l'un ne peut point vivre sans l'autre; ce sont les deux jumeaux siamois. Il faut avoir toujours présent à la mémoire les ateliers nationaux indispensables dans les révolutions, qui, nécessairement, font fuir le travail; mais ces ateliers corrompent les hommes en les habituant à la paresse, et en leur offrant, pour distraction, pendant le jour les jeux de hasard, et le soir des rassemblements tumultueux qui tuent de plus en plus le travail, et qui, de toute nécessité, doivent aboutir à une affreuse guerre civile, comme au 24 juin 1848.

Un autre de mes principes fondamentaux, c'est que le meilleur gouvernement est celui qui peut le mieux faire le bonheur des masses, c'est-à-dire des paysans, des ouvriers, des militaires, du peuple enfin proprement dit. Les lois doivent être faites pour favoriser le peuple, et non une minorité, soit qu'elle s'appelle collectivement aristocratie de la naissance, ou aristocratie de la fortune, ou aristocratie du talent : ces aristocraties doivent se contenter d'avoir une part égale dans le bonheur général, et non d'en avoir un particulier pour elles.

Je sais, mes bons amis, que parmi vous il y a des républicains, mais des républicains honnêtes, ne fermant pas volontairement les yeux à la lumière lorsqu'elle se montre à eux, et cherchant de bonne foi la vérité. Le meilleur moyen pour la découvrir est de suivre le conseil donné par le journal le *Siècle*, par le journal des républicains sincères et honnêtes; mais ils sont en bien petit nombre, et ce qui a été nous fera voir que, si la république était de nouveau proclamée, ils seraient sur-le-champ débordés, et les rédacteurs de leur journal, qui sont, maintenant, accusés de trahison et de s'être vendus au pouvoir par ceux qui se prétendent les seuls, les vrais, les purs républicains, éprouveraient bien vite le sort des Girondins.

Je vais à présent vous lire cette partie de l'article du *Siècle* contenu dans son numéro du 22 mai 1855.

« Quel peut être le plus sûr moyen de s'éclairer? C'est « de rechercher et d'apprécier ce qui a été, pour en con- « clure ce qui doit être; c'est de méditer les systèmes poli-

« tiques de tous les peuples et de tous les temps, pour y « trouver les bases de l'institution la plus stable et la plus « sensée. »

Voilà ce que nous allons faire. Vous voyez Dupuis qui écrit, il est sténographe, et veut bien se charger de reproduire textuellement nos conversations; je les enverrai au journal le *Siècle*, et, comme ses rédacteurs sont de bonne foi, si je ne les convaincs pas ils me réfuteront, et je vous lirai ce qu'ils auront répondu; s'ils ne le font point, ce sera un aveu complet de leur part que je vous ai dit la vérité. Mais en suivant le conseil donné par le *Siècle*, notre instruction ne serait point complète, il faut y joindre l'exemple donné par Newton.

L'Anglais Newton, un des plus grands astronomes, physiciens, etc., du monde entier, était plongé dans une vague rêverie, lorsqu'il vit une pomme se détacher de la branche qui la retenait et tomber verticalement à terre. Il se dit : Mais pourquoi cette pomme, au lieu de suivre la direction qu'elle a prise, n'a-t-elle pas été à droite ou à gauche de l'arbre, ou pourquoi ne s'est-elle pas élevée vers le ciel ? Il s'assura que tous les corps tombaient ou revenaient constamment sur la terre. Il continua ses réflexions, en se disant en lui-même : Ce fait qui se reproduit constamment indique une cause agissant continuellement; cherchons-la. C'est alors qu'il fit ses admirables découvertes.

Faisons comme Newton, constatons bien les faits, et ensuite nous en chercherons les causes. A demain ; mais je vous avertis que je commencerai et finirai toutes nos séances par cette maxime : Que le meilleur gouvernement est celui qui fait le mieux le bonheur de la grande majorité des habitants d'un pays, c'est-à-dire des paysans, des ouvriers, des militaires, enfin du peuple proprement dit.

DEUXIÈME ENTRETIEN.

DE LA RÉPUBLIQUE DÉMOCRATIQUE.

Dans cette recherche du meilleur gouvernement, il est conforme à la raison d'apprécier les exemples fournis par les peuples qui ont, pendant un certain temps, été républicains; car toutes les républiques ont commencé et fini par la monarchie, tandis qu'il y a des monarchies qui n'ont jamais été républiques, et qui, par conséquent, ne peuvent nous offrir aucun terme de comparaison.

Parmi les républiques anciennes, deux doivent plus particulièrement, et presque exclusivement, fixer nos regards : c'est la république d'Athènes et celle de Rome.

Depuis soixante-sept ans, nous avons la preuve que les hommes d'esprit et de talent, soit en parlant ou soit en écrivant, font de très-belles phrases dans des sens tout opposés; les phrases ne signifient donc rien. Pour nous autres gens simples, nous ne devons nous occuper que des faits, et sur les faits, à bien peu d'exceptions près et sans grande importance pour le but que nous nous proposons, tous les anciens historiens sont d'accord.

Dans ce que je vous dis là, qu'on ne doit former son opinion que d'après les faits, sans égard aux phrases, je me trouve du même avis qu'un des plus remarquables rédacteurs du *Siècle*, M. Eugène Pelletan, qui, dans le numéro de ce journal du 7 septembre 1854, après avoir dit que les arguments ne peuvent jamais aboutir à une démonstration, continue ainsi : « Dans l'ordre abstrait de « la pensée, on peut discuter à l'infini de part et d'autre, « sans jamais aboutir à une démonstration commune, « parce que, pour beaucoup de gens, un argument en « vaut toujours un autre, qu'il soit bon ou mauvais, du « moment qu'il a figure d'argument ; mais dans l'ordre « de l'histoire, Dieu merci, la discussion peut avoir son « utilité ; car les faits sont les faits, et, pour peu qu'ils « soient constatés, ils portent avec eux une irrésistible « conclusion. »

Puisque nous parlons de phrases, je vais, mes amis, vous en citer quelques unes qui se trouvent dans le même article du *Siècle* du 22 mai 1855, et dont je vous ai déjà cité un fragment :

« Athènes, voilà la cité vraiment libre, où l'intelli- « gence est en honneur, où l'oisiveté est proscrite par la « loi, où brille le génie et la gloire, où les lettres et les « arts florissants attestent la liberté de l'activité humaine, « où le respect des lois et des contrats assure la grandeur « de sa démocratie. »

Cette phrase est semblable, par l'idée, à des phrases de l'abbé Barthélemy, celui qui en fait le plus sur ce sujet, et dans le sens du *Siècle*. Voyons, d'après les faits rapportés par cet historien, si ses conclusions, et par conséquent celles du *Siècle*, sont exactes, sont logiques. Je me sers, dans mes citations, du *Voyage du jeune Anacharsis* en Grèce, de l'édition de 1788, tome Ier ; toutes les dates sont avant J.-C.

L'Egyptien Cécrops quitte sa patrie déjà civilisée, et aborde en 1657 dans l'Attique, dont les habitants étaient encore sauvages. Il fonde Athènes, qui devient la capitale de ce pays, et y établit le gouvernement monarchique.

« Cécrops mourut après un règne de cinquante ans « (page 7). Sous les règnes de Cécrops et de Cranaüs « son successeur, les habitants de l'Attique jouirent d'une « paix assez constante.

« Après Cécrops, régnèrent, pendant l'espace d'envi- « ron 565 ans, dix-sept rois dont Codrus fut le dernier « (page 7). Il sacrifia ses jours (en 1092) pour le salut de « sa patrie.

« Les Athéniens supprimèrent le titre de roi ; mais ils « nommèrent archonte perpétuel son fils Médon, qui « transmit jusqu'en 752 à ses descendants la dignité « d'archonte. »

L'archonte ne fut alors nommé que pour 10 ans, et, en 684, il y eut neuf archontes annuels (pages 47 et 48).

L'abbé Barthélemy donne des raisons qui sont des preuves que, de 1092 jusqu'en 752, c'est-à-dire pendant trois cent quarante ans, Athènes jouit d'une extrême tranquilité, d'une paix intérieure et extérieure très-grande, en un mot qu'elle fut très-heureuse.

Mes bons amis, il faut que nous remarquions que si l'abbé Barthélemy dit (pages 8 et 9) qu'il y eut des troubles sous les descendants de Cécrops jusqu'à Codrus, il ne cite aucun fait à l'appui de son opinion ; et, au contraire, ce qu'il rapporte de Thésée (page 19) renversé du trône sans grandes dissensions, sans guerre civile, peut bien faire croire qu'il en fut de même pour quelques autres rois qui eurent le même sort que lui. Ce qui prouve que, pendant les 565 ans que ces dix-sept rois ont régné, le peuple d'Athènes et de l'Attique ne fut point malheureux, c'est qu'il ne supprima pas le titre de roi par haine de la monarchie héréditaire, puisqu'il la continua dans le fils de Codrus et ses descendants. Mais ce titre de roi était devenu aux yeux des Athéniens si grand, si beau, si sacré, qu'ils le donnèrent au maître du ciel et de la terre, qu'ils appelaient Jupiter. Si la royauté héréditaire les avait rendus malheureux, au lieu de cette profonde vénération pour le nom de roi, ils auraient eu en horreur et le mot et la chose, c'est-à-dire la monarchie héréditaire.

Tous les historiens sont d'accord sur ce qui suivit la suppression de cette monarchie héréditaire. Le peuple athénien, opprimé par l'aristocratie, tomba dans la plus profonde misère. Pour payer les dettes qu'il fut obligé de contracter, il fut forcé de vendre comme esclaves, lui ou ses enfants.

Les efforts qu'il fit presque continuellement pour briser le joug dont il était accablé ne réussissant point, le rendirent de plus en plus malheureux, et produisirent une affreuse anarchie. Appuyons ce que je dis là de citations prises dans l'histoire de l'abbé Barthélemy (pages 58 et 59). « Le peuple avait encore le droit de s'assem-
« bler; mais le pouvoir souverain était entre les mains
« des riches... les citoyens obscurs, accablés de det-
« tes, n'avaient d'autre ressource que de vendre leur
« liberté ou celle de leurs enfants à des créanciers impi-
« toyables. »

Nous verrons, mes amis, qu'il en fut de même à Rome lorsque la royauté fut abolie.

Une peste affreuse vint ravager Athènes et l'Attique, qui appelèrent, pour les purifier, Epiménide ; il fit des changements dans les cérémonies religieuses, « et (pages 62 « et 63), par une foule de règlements utiles, il tâcha de « ramener les Athéniens à des principes d'union et d'é- « quité. Mais, peu de temps après son départ, les factions « se réveillèrent avec une nouvelle fureur, et leurs excès « furent portés si loin, qu'on se vit bientôt réduit à cette « extrémité où il ne reste d'autre alternative à un État, « que de périr ou de s'abandonner au génie d'un seul « homme.

« Solon fut, d'une voix unanime, élevé à la dignité de « premier magistrat, de législateur et d'arbitre souverain « (vers l'an 594). *On le pressa de monter sur le trône...* « Solon descendait des anciens rois d'Athènes. »

Solon refusa la royauté, mais il accepta la mission de donner des lois constitutionnelles et civiles à sa patrie.

Les instances qu'on fit à Solon pour qu'il rétablît la royauté en sa faveur, sont une nouvelle preuve que cette forme de gouvernement avait laissé d'heureux souvenirs chez le peuple, qui la regardait toujours comme le pouvoir bienfaisant qui le garantissait de l'oppression de l'aristocratie.

Pages 65 et 66 : « Solon abolit les dettes des particuliers, « annula tous les actes qui engageaient la liberté du ci- « toyen, et refusa la répartition des terres. » Page 69 : « Solon jugea plus convenable de laisser ce dépôt (les « magistratures) entre les mains des riches qui en avaient

« joui jusqu'alors : il distribua les citoyens de l'Attique « en quatre classes. On était inscrit dans la première, « dans la seconde, dans la troisième, suivant qu'on per- « cevait de son héritage, 500, 300, 200 mesures de blé « ou d'huile. Les autres citoyens, la plupart pauvres et « ignorants, furent compris dans la quatrième *et éloignés* « *des emplois*. S'ils avaient eu l'espérance d'y parvenir, « ils les auraient moins respectés ; s'ils y étaient parvenus, « en effet, qu'aurait-on pu en attendre...? Nous avons vu « que la dernière *et la plus nombreuse classe des citoyens* « ne pouvait participer aux magistratures. »

L'abbé Barthélemy dit que (page 92) « Solon fut obligé de préférer le gouvernement populaire. » Mais ce qu'il vient de rapporter de la constitution de Solon prouve le contraire ; c'était toujours le principe aristocatique qui dominait, seulement il était moins prépondérant qu'avant, et, malgré les adoucissements qu'y apporta ce législateur, on peut dire avec vérité que le gouvernement d'Athènes et de l'Attique fut aristocratique depuis 752 jusqu'en 478, où les privilèges qu'avaient les nobles et les riches d'occuper seuls, à l'exclusion des hommes du peuple, les hautes dignités de l'Etat, furent abolis. Cette révolution de 478 fut, pour les Athéniens, ce que 2267 ans après a été pour nous la révolution de 1789 : c'est-à-dire égalité politique et droit pour tous les citoyens de parvenir à tous les emplois.

A partir de la législation de Solon, après 158 années d'un extrême malheur, le sort du peuple n'est plus aussi misérable; mais recherchons s'il jouit de cette tranquillité, de cette sécurité, de ce calme de la vie privée qui pour nous composent le bonheur.

Les lois constitutionnelles et civiles de Solon auraient été excellentes pour un peuple d'anges, c'est-à-dire pour un peuple qui n'aurait pas eu besoin d'être gouverné. Mais il avait oublié qu'elles étaient destinées à régir des hommes, et qu'en laissant en présence l'aristocratie et la démocratie, sans établir un pouvoir qui leur fût supérieur, il laissait subsister la cause de ces dissensions intérieures, de ces trouble-bonheur des peuples, et il ne comprit pas que, sa dictature finie, le mal qu'il avait arrêté un moment recommencerait. Ce mal ne fut suspendu momentanément que sous les règnes des Pisistrates et de Périclès, ce qui indique suffisamment où était le remède.

Solon s'absenta au plus pendant dix ans. L'abbé Barthélemy s'exprime ainsi à la page 82 :

« A son retour, il trouva les Athéniens près de retom-
« ber dans l'anarchie. Les trois partis qui depuis si
« longtemps déchiraient la république, semblaient n'a-
« voir suspendu leur haine pendant sa législation que
« pour l'exhaler avec plus de force pendant son ab-
« sence, etc. »

C'était pour mettre un terme à cette anarchie sans cesse renaissante depuis 158 ans, que le peuple athénien avait voulu placer Solon sur le trône ; ce fut par la même raison qu'en 560 ce peuple, dont l'abbé Barthélemy déplore l'aveuglement, les illusions (page 84), aida puissamment Pisistrate, qui, depuis le retour de Solon, avait pris un grand ascendant, à s'emparer du pouvoir exécutif. Il était aussi de la famille royale ; il avait une haute capacité sous tous les rapports, et possédait cette force de volonté, cette énergie de caractère qui manquaient à Solon.

La faction aristocratique ne se soumit point d'abord à la volonté du peuple : deux fois elle parvint à chasser du pouvoir et d'Athènes Pisistrate, à qui le peuple rendit deux fois l'autorité. Les dix-sept dernières années de sa vie, pendant lesquelles son pouvoir ne fut plus contesté, et les quinze premières années du règne de ses fils, qui lui succédèrent sans la moindre opposition, furent un temps de grand bonheur pour les Athéniens.

Pisistrate mourut en 528. L'abbé Barthélemy dit de lui (page 85) : « Tant qu'il fut à la tête de l'administra-
« tion, ses jours, consacrés à l'utilité publique, furent
« marqués ou par de nouveaux bienfaits, ou par de nou-
« velles vertus. *Ses lois, en bannissant l'oisiveté*, encou-
« ragèrent l'agriculture et l'industrie... Il ranima la
« valeur des troupes, en assignant aux soldats invalides
« une subsistance assurée pour le reste de leurs jours.
« Aux champs, dans la place publique, dans ses jardins
« ouverts à tout le monde, il paraissait comme un père
« au milieu de ses enfants ; toujours prêt à écouter les
« plaintes des malheureux, etc. » Et le même historien continue ainsi, aux pages 86 et 87 : « Il embellissait la
« ville par des temples, des gymnases, des fontaines ; et,
« comme *il ne craignait pas le progrès des lumières*, il
« publiait une nouvelle édition des ouvrages d'Homère,
« et formait pour l'usage des Athéniens une bibliothèque
« composée des meilleurs livres que l'on connaissait
« alors...

« Ces actes de modération et de clémence multipliés « pendant sa vie... *adoucissaient insensiblement l'humeur* « *intraitable des Athéniens*, et faisaient que plusieurs « d'entre eux préféraient une servitude si douce à leur « ancienne et tumultueuse liberté. »

Cette fin de phrase prouve, mes amis, ce que je vous ai dit du défaut de logique de la plupart des historiens qui se répètent les uns les autres. A quelle époque Athènes avait-elle joui d'une liberté même tumultueuse ? Le temps où elle était une monarchie est nécessairement exclu de cette époque, qui ne doit commencer qu'à 752 jusqu'à Solon. Or, l'abbé Barthélemy rapporte lui-même les faits qui prouvent que pendant ces cent cinquante-huit ans, l'aristocratie fut souveraine, opprima le peuple réduit à se vendre comme esclave. Est-ce cet esclavage qu'il appelle une liberté tumultueuse? Donne-t-il ce nom à cette affreuse anarchie qui existait lorsque Solon fut choisi pour y mettre un terme, et qui recommença moins forte, cependant lorsqu'il cessa d'être dictateur? A la page 87, l'abbé Barthélemy dit : « Après sa mort (de Pisistrate, « arrivée en 528), Hippias, et Hipparque, ses fils, lui suc- « cédèrent : avec moins de talent, ils gouvernèrent avec « la même sagesse. »

Mes chers amis, avouons que voilà d'abominables tyrans, et qu'il fallait que le peuple athénien fût bien aveugle pour préférer d'être heureux sous eux que d'être opprimé par l'aristocratie.

Au bout de quinze ans, Hipparque ayant chassé d'une cérémonie publique la sœur d'Harmodius, celui-ci et son ami Aristogiton, tous les deux de la faction aristocratique, jurent de la venger. Pour se faire des partisans, ils parlent de liberté, mais bien peu de personnes les écoutent; l'abbé Barthélemy en fournit la preuve (toujours pages 87 et 88) :

« *Quelques-uns de leurs amis entrèrent dans ce com-*
« *plot*, et l'exécution en fut remise à la solennité des Pan-
« athénées : ils espérèrent que cette foule d'Athéniens
« qui, pendant les cérémonies de cette fête, avaient la
« permission de porter des armes, seconderaient leurs
« efforts, ou du moins les garantiraient de la fureur des
« gardes qui entouraient les fils de Pisistrate.... Ils se
« rendent aux lieux où les princes mettaient en ordre une
« procession... ils se croient trahis... ils s'écartent un mo-
« ment, trouvent Hipparque, et lui plongent le poignard
« dans le cœur. Harmodius tombe aussitôt sous les coups
« redoublés des satellites du prince. Aristogiton, arrêté
« presque au même instant, fut présenté à la ques-
« tion, etc. » Il subit le sort des assassins, le bourreau lui arracha la vie.

Mes bons amis, dans cette recherche que nous faisons ensemble de la forme gouvernementale qui donne au peuple le plus de chances d'être heureux, il est très-essentiel de bien approfondir tout ce qui a rapport au détrônement des fils de Pisistrate. Vous l'avez vu, ils avaient succédé au pouvoir de leur père sans la plus légère opposition.

Je viens de vous citer les faits d'après l'abbé Barthélemy, qui, pour le bien de son opinion, les laisse un peu dans le vague. Les autres historiens les précisent davantage, tout en se montrant hostiles à Hippias, entre autres

Rollin : il dit (à la page 588, tome 2, édition de 1769), en parlant de Clistène et de ses partisans appuyés par une armée lacédémonienne:

« La première tentative leur réussit mal, et les troupes « qu'ils envoyèrent contre le tyran furent repoussées « avec perte. Elle fut suivie de près d'une seconde, qui « paraissait ne devoir pas avoir un meilleur succès... « mais ses enfants... »

Les deux fils d'Hippias furent pris; celui-ci, pour les sauver, car dans ce temps-là l'on ne se faisait point de scrupule d'égorger les prisonniers, consentit à abdiquer, en 510 selon l'abbé Barthélemy, en 508 selon les autres historiens, dont plusieurs déplorent qu'un tyran ait donné cet exemple de préférer les sentiments de la nature à ceux de l'ambition, et qu'il se soit montré père plutôt que roi.

Servons-nous, mes amis, de notre bon sens, de notre raison, pour réviser les jugements des historiens, et pour voir si ce fut le peuple à Athènes qui, las de la nouvelle monarchie, voulut s'en débarrasser pour rétablir le gouvernement aristocratique, car ce fut ce gouvernement-là qui remplaça celui des Pisistrates. Eux étaient à la tête du parti du peuple, et Clistène de la faction opposée. Nous avons vu que l'aristocratie avait eu le pouvoir depuis 752, et que Solon le lui avait laissé, cependant en diminuant sa puissance. Harmodius et Aristogiton étaient de la faction aristocratique; aussi, lorsque Clistène, grâce aux étrangers et à l'affection paternelle d'Hippias, eut triomphé, il fit rendre de grands honneurs à leur mémoire, les faisant appeler les martyrs de la liberté. Pour eux, ainsi que pour les historiens, le parti de la liberté était le parti de l'aristocratie. Nous verrons qu'il en fut de même à Rome, où les assassins de César voulaient rétablir le système de Sylla, qui avait fait triompher l'aristocratie en détruisant le parti populaire dont Marius était le chef; mais César, vainqueur de Pompée et du parti aristocratique, avait rétabli le peuple dans tous ses droits, ce qui fut la cause de sa mort.

Les Pisistrates n'ont jamais eu un seul soldat étranger à leur service; les Athéniens étaient armés, et beaucoup plus nombreux que ceux d'entre eux qui composaient la garde des Pisistrates; s'ils n'avaient point voulu de ceux-ci pour leurs chefs, ils auraient, en effet, réalisé l'espoir des conspirateurs, qui *espéraient que les Athéniens armés les seconderaient*, ou au moins les garantiraient de la fureur des gardes. Aristogiton, avant d'être mis à mort par le bourreau, subit la question, fait des révélations mensongères : ceux qu'il dénonce sont traînés au supplice (page 88). Pendant tout ce temps, les Athéniens, qui se trouvaient rassemblés et armés, ne font rien pour secourir Aristogiton ; c'est une preuve qu'ils ne partageaient point les sentiments des assassins.

Hippias règne encore trois ans. L'abbé Barthélemy dit qu'il commit des injustices ; mais ces injustices ne furent-elles point les mesures qu'il prit pour empêcher la faction aristocratique de mettre le trouble dans Athènes? Il convient aussi que « Clistène rassembla *tous les mécontents* « *auprès de lui.* » Mais ils étaient évidemment bien inférieurs aux partisans d'Hippias, puisqu'ils sollicitèrent et obtinrent le secours des Lacédémoniens ; et, malgré cet appui, nous venons de voir que leur première tentative ne réussit point, que leur seconde n'avait guère plus de chance de succès, et que, par conséquent, Hippias ne fut point forcé par eux d'abdiquer : il le fit volontairement, pour sauver ses enfants prisonniers.

Mes amis, demandons-nous de quoi se composait l'armée avec laquelle Hippias repoussa les émigrés et les étrangers? Uniquement d'Athéniens. Voilà, certes, une seconde preuve que le peuple voulait conserver à sa tête les descendants du grand homme auquel il avait donné les moyens de monter réellement sur le trône.

Depuis trente-cinq ans, Athènes et l'Attique jouissaient de ce véritable bonheur qui consiste dans le charme de la vie privée, et qui ne peut point exister avec les dissensions politiques. Ce bonheur continua-t-il après l'abdication d'Hippias? Il faut le demander à l'abbé Barthélemy, il nous répondra par ces mots (page 89) :

« Clistène, qui avait si fort contribué à l'expulsion des
« Pisistratides, eut encore à lutter, pendant quelques an-
« nées, contre une faction puissante, etc. »

Lorsque des factions luttent les unes contre les autres, la tranquillité publique est nécessairement troublée, et i est impossible que la paix intérieure ne le soit pas aussi

Il ne s'est écoulé que dix-huit à vingt ans entre l'abdi cation d'Hippias et la bataille de Marathon. Il faut dimi nuer de ce temps, déjà si court, les quelques années d luttes : combien en reste-t-il pendant lesquelles le peupl athénien ait pu être heureux? Nous verrons que, peu d temps après cette victoire, les dissensions intérieures re commencèrent.

Darius, roi des Perses, qui, avant qu'Hippias descendit du trône (page 103), méditait déjà la conquête de la Grèce, vint l'attaquer en 490, en commençant par Athènes, à laquelle il ordonnait de rendre le pouvoir à Hippias.

L'aristocratie, pour renverser le chef du parti populaire, avait imploré, nous sortons de le voir, le secours des étrangers. Le peuple, animé de sentiments patriotiques et d'un noble orgueil national, loin de suivre l'exemple que l'aristocratie lui avait donné, se réunit à elle, et tous les Athéniens agissant comme un seul homme, quoique très-inférieurs par le nombre aux Persans, mais ayant le bonheur qu'il existât parmi eux trois grands hommes, vainquirent complètement l'armée ennemie. Cette mémorable victoire fut remportée à Marathon, à six lieues d'Athènes, en l'an 490 : Miltiade, ce jour-là, commandait en chef, et fut blessé; il avait sous ses ordres Aristide et Thémistocle.

Des historiens disent qu'à cette bataille, Hippias s'y rendit coupable du plus grand des crimes qu'un homme puisse commettre, celui de combattre avec les étrangers contre sa patrie. Il en fut puni par une flèche athénienne qui le tua, comme le fut Moreau, frappé mortellement à la bataille de Dresde par un boulet français.

L'influence que donna à Miltiade la bataille de Marathon lui permit de contenir pendant quelque temps les diverses factions qui, patriotiquement, s'étaient réunies contre les ennemis extérieurs. Mais un à deux ans après cette victoire, et sans le moindre indice, Miltiade, accusé de s'être laissé corrompre par les Perses, fut condamné à être jeté dans la fosse ignominieuse où les malfaiteurs trouvaient la mort ; le magistrat commua sa peine à une amende tellement forte, que, hors d'état de la payer, il mourut dans les fers des suites de ses blessures (en 489).

Une telle condamnation et les suites qu'elle eût est une note d'infamie pour la nation qui l'ordonna. Mais auquel des deux partis existant à Athènes doit-elle être plus particulièrement appliquée ?

A la page 114 on lit :

« Les Athéniens.... avaient élevé Miltiade si haut, « qu'ils commencèrent à le craindre... qu'étant redouté « des nations étrangères, *et adoré du peuple d'Athènes*, il « était temps de veiller sur ses vertus, ainsi que sur sa « gloire. »

A propos de Solon et de Pisistrate, et bientôt au sujet de Périclès, nous avons vu et nous verrons que le peuple était toujours disposé à donner le pouvoir royal à un homme méritant sa confiance. L'aristocratie, de toute nécessité, a craint que la multitude, comme l'abbé Barthélemy appelle souvent le peuple, en le nommant même quelquefois la vile multitude, ne fît pour Miltiade ce qu'il avait fait en faveur de Pisistrate. Plus, pour ma part, j'y réfléchis, moins je peux croire que le peuple qui *adorait Miltiade* l'ait fait mourir dans un cachot. L'aristocratie, qui voyait en lui un Pisistrate futur, a pu seule commettre un tel crime ; c'est d'autant plus vraisemblable, que l'abbé Barthélemy dit à la page 94, en parlant de cette époque : « elle (la multitude) dédaignait de venir aux assemblées générales. »

A la mort de Miltiade, les factions aristocratique et démocratique, ayant à leur tête, la première Thémistocle, la seconde Aristide, remplirent de nouveau la ville de leurs dissensions (page 115). Aristide succomba, et fut banni vers l'an 485.

Les Perses faisaient d'immenses préparatifs pour réparer l'affront de Marathon et mettre la Grèce sous leur joug. Thémistocle, dont l'influence était désormais sans rivale, les suivait de l'œil ; il réunit le plus possible les divers peuples de la Grèce contre l'ennemi commun. Les Athéniens, par ses conseils, s'occupèrent entièrement de leur marine, et lorsqu'en 480 les armées innombrables de Xerxès vinrent, comme une avalanche, se précipiter sur la Grèce, Thémistocle, aidé par la flotte Lacédémonienne, remporta sur les Perses, à Salamine, une victoire navale complète. Les Perses avaient ravagé l'Attique et détruit par le feu Athènes, abandonnées l'une et l'autre par leurs habitants. Thémistocle avait fait embarquer sur ses vaisseaux ceux en état de combattre, et avait dispersé dans divers pays les enfants, les femmes, les vieillards.

Un an après (479), les Lacédémoniens commandés par Pausanias, et les Athéniens par Aristide, que Thémistocle avait fait rappeler de l'exil à l'époque de la bataille de Salamine, vainquirent complètement, à Platée, les Perses, qui, dès ce moment, renoncèrent à assujettir la Grèce. Dans l'année qui suivit cette victoire, Aristide crut qu'il était juste d'établir l'égalité politique entre tous les Athéniens. Il fit rendre un décret qui abolit les privilèges des nobles et des riches : eux seuls, jusqu'alors, pouvaient être élevés aux grands emplois de la République ; désormais tous les citoyens purent y prétendre. Ce fut réellement une révolution semblable à la nôtre de 1789.

L'abbé Barthélemy, appréciant cette révolution, dit à la page 94 que c'est à elle « qu'on doit attribuer la ruine « de l'ancienne constitution, » c'est-à-dire de la constitution aristocratique. Il ajoute :

« Le sage Aristide, qui présenta ce décret, donna le « plus funeste des exemples à ceux qui lui succédèrent « dans le commandement. Il leur fallut d'abord flatter « la multitude, et ensuite ramper devant elle.

« Auparavant elle dédaignait de venir aux assemblée « générales ; mais, dès que le gouvernement eut accord « une gratification de trois oboles (45 centimes) à cha « que assistant, elle s'y rendit en foule, en éloigna le « riches par sa présence autant que par ses fureurs, e « substitua insolemment ses caprices aux lois. »

Après la victoire de Platée, les Lacédémoniens retour nèrent chez eux jouir du bonheur de la vie privée qu'il devaient à leur constitution, fondée sur l'hérédité d leurs rois. Les Athéniens, au contraire, se livrant à l plus folle ambition, rêvèrent la conquête du monde ; il attaquèrent injustement, pour les opprimer et les piller, différents peuples. Les trésors que Thémistocle et les au tres généraux acquirent par là leur servirent, à leur retou dans Athènes, à s'y faire de nouveaux partisans ; de sort que les dissensions intérieures continuèrent malgré ces guerres extérieures. Thémistocle finit par en être la victime ; il fut banni, se réfugia en Perse, et, quelques années après, il n'eut que le choix entre la mort ou combattre sa patrie : il se tua en 470.

Deux ou trois ans après, Périclès, d'une très-haute capacité comme orateur, guerrier, administrateur, homme d'Etat, se mit à la tête du parti populaire, domina celui des riches, et les contraignit tout les deux, par l'ascendant qu'il sut prendre sur eux, à renoncer à ce que leurs prétentions avaient d'injuste, et à les sacrifier au bien général. Sous lui les Athéniens goûtèrent ce bonheur de la vie privée dont ils n'avaient joui réellement, à l'exception de quelques années et de loin en loin, que sous les Pisistrates.

Tous les historiens s'accordent à dire que Périclès régna pendant quarante années, troublées tout au plus quelques mois par des velléités d'opposition, étouffées presqu'à leur naissance, sans que Périclès employât la force : ses seules armes furent toujours l'amour du peuple et le bonheur dont il le faisait jouir.

Les sciences, les lettres, les arts, prirent naissance sous les Pisistrates, qui les protégèrent avec discernement. Mais, après eux, arts, belles-lettres, sciences, éprouvèrent un temps d'arrêt qui ne cessa que sous le règne de Périclès ; alors parurent dans tous les genres (poésie, littérature, prose, morale, peinture, sculpture, architecture, etc.) des hommes d'un mérite tout-à-fait supérieur; aussi la postérité, équitable dans ses jugements, dit *le siècle de Périclès* pour désigner le temps où parurent à la fois tant de grands hommes aidés, encouragés, stimulés, protégés par celui qui exerçait le pouvoir souverain. C'est ainsi que des époques semblables sous tous les rapports ont reçu le nom de siècle d'Auguste (empereur), de siècle de Léon X (pape), de siècle de Louis XIV (roi).

Périclès mourut de la peste, en 429.

Mais vous êtes fatigués d'être debout, et moi de parler A demain, mes chers amis.

TROISIÈME ENTRETIEN.

Aussitôt Périclès mort, les dissensions recommencèrent. Les Athéniens, quoique toujours en guerre avec Lacédémone, envoient une puissante armée pour faire la conquête de la Sicile. Cette armée, commandée par trois généraux, a d'abord de grands succès, mais bientôt les Athéniens rappellent, pour lui faire subir un jugement qui l'aurait conduit à la mort, le seul de ces trois généraux, Alcibiade, qui pouvait leur procurer la victoire. Après son départ, la flotte et l'armée de terre sont entièrement détruites.

Alcibiade s'était sauvé avant d'arriver à Athènes. On l'y rappela, en lui donnant le commandement de toutes les forces de terre et de mer ; mais il mit pour condition à son retour que le gouvernement aristocratique remplacerait le démocratique. On y consentit. Quatre cents personnes choisies parmi les grands gouvernent la république en vrais tyrans.

La réaction démocratique arrive à son tour. Alcibiade, quoique vainqueur des Lacédémoniens, est encore obligé de se bannir. Lui parti, la victoire passe de nouveau du côté des Lacédémoniens, et enfin, en 404, malgré les conseils qu'Alcibiade leur fait parvenir, les Athéniens s'entêtant à conserver une très-mauvaise position à Ægos-Potamos, sont entièrement vaincus. Athènes est prise, ses fortifications détruites ; elle ne doit plus avoir que douze vaisseaux de guerre. Lacédémone lui impose pour la gouverner trente archontes qui, par leurs cruautés, ont mérité d'être appelés les trente tyrans. Au bout d'un an, ils sont chassés ou tués par Thrasybule revenu de l'exil. Ensuite Conon, avec l'argent des Perses, relève les fortifications d'Athènes, qui ne secoue tout-à-fait le joug de Lacédémone qu'à la paix d'Antalcide, en 387. Le roi des Perses l'impose à la Grèce, très-affaiblie par ses guerres fratricides.

Les malheurs éprouvés par les Athéniens ne les rendent pas plus sages. La brigue seule préside au choix de leurs généraux, qui, pillant et volant les alliés aussi bien que les ennemis, amassent des trésors avec lesquels ils achètent de nouveau les suffrages des Athéniens : Charès fut un de ces généraux. Plutarque dit de lui qu'il était « dé-
« crié pour ses mœurs, ses voleries et son peu de capa-
« cité. »

C'est ce général que les Athéniens nomment au commandement de l'armée de terre et de mer qu'ils envoient pour secourir plusieurs villes de la Chersonèse, attaquées par Philippe, roi de Macédoine. Ces villes, craignant encore plus leurs alliés commandés par un tel homme que les ennemis, ne voulurent point le recevoir. Il fut forcé de se retirer rôdant le long des côtes, rançonnant les alliés et méprisé des ennemis.

En 338, la guerre a lieu directement, ouvertement entre Athènes et Philippe, grand capitaine aussi bien que grand politique. Cette guerre était pour Athènes une question de vie ou de mort : il y allait de son indépendance nationale ; elle devait donc opposer au roi de Macédoine un général digne de se mesurer avec lui. Elle en possédait un, Phocion, qui, souvent, avait fait ses preuves. Mais sa vertu égalait sa capacité, il ne s'était point enrichi dans ses divers commandements, il ne put point opposer de l'or à de l'or ; aussi ce Charès dont je viens de vous parler, à l'aide des trésors fruits de ses vols, l'emporta sur lui. Ce qui devait arriver arriva : les Athéniens furent complètement vaincus à la bataille de Chéronée, et dès ce moment ils n'eurent une existence politique que sous le bon plaisir des rois de Macédoine ou de ceux qui leur faisaient la guerre, et qui tous imposaient aux Athéniens des chefs pour les gouverner.

Athènes essaya plusieurs fois de reprendre son indépendance nationale ; mais, toujours vaincue, le joug qu'elle portait devint de plus en plus pesant, jusqu'au moment enfin où elle fut entièrement absorbée par les Romains.

D'après les faits que je viens de vous exposer, et sur lesquels tous les historiens sont d'accord, nous pouvons en conclure que le gouvernement qui rendit le peuple athénien le plus heureux, ou plutôt le seul sous lequel il jouit d'un véritable bonheur, est le gouvernement monarchique. En effet, pendant les cinq à six cents années écoulées de Cécrops à Codrus, tranquillité intérieure rarement troublée par des dissensions, par des guerres civiles présumées plutôt que prouvées; sous la monarchie des archontes, dont la durée est de 340 ans, le peuple

2.

est parfaitement heureux ; au contraire, il tombe dans un excessif malheur aussitôt que la monarchie est abolie et que le gouvernement devient aristocratique.

Pour mettre un terme à ce malheur continuel, le peuple athénien veut revenir à la monarchie, en faveur de Solon, qui refuse ; mais le peuple, constant dans son opinion, élève au pouvoir souverain et héréditaire Pisistrate et ses fils, ce qui procure au peuple près de cinquante ans de bonheur, pendant lesquels, comme dit l'abbé Barthélemy, « *l'humeur intraitable des Athéniens* s'adoucis« sait insensiblement. » (Page 87).

Les mœurs devenues plus douces dans les deux partis, la diminution du pouvoir aristocratique résultant de la constitution de Solon, et la guerre avec les Perses, firent que le peuple ne fut pas aussi malheureux à l'abolition de la monarchie des Pisistrates qu'il le fut lorsque celle des archontes cessa ; mais cependant, à l'exception de quelques années, depuis 508 où le gouvernement aristocratique fut rétabli, jusqu'en 478 où il fut remplacé par le démocratique, il y eut des luttes intestines qui ne permirent point, la plupart du temps, aux Athéniens de goûter ce qui constitue pour nous le bonheur, celui de la vie privée.

Le gouvernement de la démocratie, pas plus que celui de l'aristocratie, ne put empêcher ces dissensions intestines, qui n'eurent un temps d'arrêt que vers 469, sous ce qu'on appelle le règne de Périclès ; mais à sa mort, en 429, elles recommencèrent, et la démocratie, n'ayant plus pour la tenir en bride la main ferme d'un seul gouvernant, conduisit la république athénienne à la perte de son indépendance nationale, d'abord momentanée en 404, et définitive en 338.

Les faits relatifs aux autres républiques de la Grèce nous conduiraient à la même conclusion que ceux qui ont rapport à Athènes. Toutes commencèrent par la royauté héréditaire ; mais toutes l'abolirent au bout d'un temps plus ou moins long. Presqu'aussitôt elles éprouvèrent le même sort qu'Athènes. Les nobles et les riches réduisirent à la plus affreuse misère le peuple, dont une partie, pour payer ses dettes, fut aussi obligée de vendre sa liberté ou celle de ses enfants.

L'histoire de ces diverses républiques grecques ne peut nous offrir aucun exemple pour le but qui nous occupe, puisqu'elles n'ont réellement pas eu d'existence qui leur fût propre, car elles ont presque toujours été les satellites des deux nations prépondérantes de la Grèce : Athènes et Lacédémone, nommée aussi Sparte. Parlons, mes amis, très-brièvement de l'histoire et de la constitution de cette dernière.

Sparte, d'abord monarchie, tue son roi, abolit la royauté. Soudain, profonde misère du peuple opprimé par les riches, et complète anarchie. Pour y mettre un terme, Lycurgue, de la famille royale, est rappelé en 904. Le pouvoir suprême, absolu, lui est déféré par les Spartiates. L'observation de la constitution qu'il leur donne paraîtrait impossible, si elle n'avait pas duré huit cents ans. Sparte, pendant un si long temps, ne fut affligée que très-rarement par des troubles, qui, presque tous, eurent peu de gravité et de durée; et, quoique sans fortification, elle conserva son indépendance nationale jusqu'en 186.

C'est alors que, pour la première fois, elle fut prise (Athènes avait perdu la sienne dès 404). Le sénat, composé de vingt-huit membres, était présidé par les deux rois qui en faisaient partie de droit aussitôt qu'ils étaient majeurs ; lorsqu'il y avait égalité de votes, celui d'un des deux rois comptait double. Pour être élu sénateur, il fallait avoir soixante ans ; ils étaient nommés à vie. Ils préparaient les lois, les soumettaient à l'assemblée générale, composée des Spartiates ayant au moins trente ans. Elle n'avait que le droit d'approuver ou de rejeter purement et simplement ces propositions de lois ; elle ne pouvait ni les amender, ni en proposer elle-même. Vous voyez, mes amis, qu'elle n'avait pas plus de droits qu'en a maintenant le Corps Législatif, et même moins ; car, dans l'assemblée générale du peuple, aucun citoyen ne pouvait prendre la parole ; les magistrats seuls pouvaient haranguer le peuple, lui donner des conseils, et diriger ses votes.

Il y avait deux rois héréditaires, de mâle en mâle, et par ordre de primogéniture, appartenant à la même famille, celle d'Hercule ; mais l'un de la branche aînée et l'autre de la branche cadette. Ils commandaient en personne les armées de terre et de mer, étaient chefs de la religion, etc. De grands honneurs leur étaient décernés pendant leur vie et après leur mort.

Des historiens disent que la création des éphores et de leur pouvoir est due à Lycurgue, ce que je croirais volontiers ; d'autres, que ce fut cent cinquante ans après lui que le *roi* Théopompe, frappé des inconvénients qui pouvaient résulter du désaccord des deux rois égaux en pouvoir, augmenta l'autorité des éphores, qui, de simples conseillers des rois, acquirent sur eux un certain pouvoir, mais dans le cas seulement où les deux rois étaient opposés l'un à l'autre. Je vais, mes amis, vous en citer une preuve.

Les éphores, vers 250 ans, accusèrent les rois Agis et Cléombrote de troubler la tranquillité publique, en voulant faire exécuter avec trop de rigueur les lois de Lycurgue ; mais les deux rois agissaient de concert ; ils firent déposer les éphores pour avoir violé la loi qui leur ôtait tout droit sur les rois lorsque ceux-ci étaient d'accord. (*Histoire Ancienne*, par le comte de Ségur ; tome 3, page 217, édition de 1836.)

Les Spartiates, réunis en assemblée générale, ayant la force de leur côté, pouvaient faire tout ce qu'ils auraient voulu ; mais ils eurent la sagesse de se soumettre aux prescriptions de leur constitution, qui ne leur accordait que le droit d'approuver ou de rejeter les propositions de lois faites par le sénat, et leur défendait : 1° de les amender ; 2° d'en proposer eux-mêmes ; et 3° de prendre la parole dans ces assemblées générales. J'insiste sur ce point, parce que notre constitution a par là des rapports avec celle des Spartiates, qui, en l'observant, eurent une longue suite de siècles de bonheur et d'indépendance nationale.

Demain, nous nous entretiendrons de la république de Carthage.

QUATRIÈME ENTRETIEN.

Le Siècle, dans ce même numéro du 22 mai 1855, dont je vous ai déjà parlé, dit :

« Pour trouver une vraie liberté, il faut émigrer en « Afrique. C'est là que la forme démocratique se produit. « Plus de rois ; des magistrats annuels et électifs, un sé- « nat, des assemblées du peuple : voilà ce que montre « Carthage, société sortie de l'émigration. »

Nous allons voir, mes amis, si ce que les historiens nous ont conservé de la constitution de Carthage s'accorde avec les assertions du *Siècle*. Et d'abord, remarquons que, de tous les auteurs carthaginois, dans quelque genre que ce soit, aucun ne nous est parvenu ; ainsi, sur leur histoire, sur leur législation, nous n'avons point de documents venant d'eux ; ce n'est donc que par des écrivains grecs ou romains que nous savons ce qui se rapporte à la constitution carthaginoise, et encore très-confusément, parce que pas un de ces auteurs n'a donné cette constitution en entier, ou avec des éclaircissements qui puissent bien faire comprendre ce qu'ils en rapportent. C'est en rassemblant tous ces lambeaux épars dans plusieurs écrivains qu'on peut se faire une idée du gouvernement de Carthage, qui commença par être monarchique, et devint ensuite république ; mais on ignore complètement comment se fit ce changement, et les circonstances qui l'accompagnèrent. Cette république était ainsi constituée :

Les suffètes, appelés aussi par des auteurs rois, dictateurs, ou consuls, furent nommés d'abord à vie ; plus tard ils ne conservèrent le pouvoir que pendant un an. Ils étaient deux. On ignore par qui ils étaient élus. Ils avaient le droit d'assembler le sénat et « ils en étaient les présidents et les chefs : ils y proposaient les affaires et recueillaient les suffrages ; ils présidaient aussi aux jugements qui se rendaient sur les affaires importantes. » Ils pouvaient être nommés, sans qu'on sache par qui, au commandement des armées.

Les suffètes, lorsque leur pouvoir annuel était expiré, devenaient préteurs, et, comme tels, ils avaient le droit de présider dans certains jugements, « de proposer et de porter de nouvelles lois, et de faire rendre compte à ceux qui étaient chargés du recouvrement des impôts. »

Le pouvoir législatif était exercé par le sénat, composé de cinq cents membres *choisis parmi les plus riches*, et ayant en outre de la naissance, c'est-à-dire dont la famille avait une grande fortune depuis longtemps. « Le sénat établissait les impôts, rédigeait les lois, décidait de la paix et de la guerre, recevait les ambassadeurs, ainsi que la correspondance des généraux et les plaintes des provinces. »

Lorsque les sénateurs étaient unanimes sur une mesure à prendre ou sur des lois à décréter, leur décision était souveraine ; mais, dans le cas contraire, l'opinion de la majorité se portait devant l'assemblée du peuple, qui prononçait en dernier ressort. Mais on ne sait rien sur la composition de ces assemblées.

On choisissait dans le sénat cent personnes qui formaient le conseil des anciens. *Leurs places étaient à vie.* « Les juges et les généraux leur rendaient compte de leur « conduite. On choisissait dans le conseil des anciens « cinq personnes revêtues d'un grand pouvoir, et qui « faisaient leur rapport au sénat sur les lois proposées et « sur les affaires les plus importantes. »

Ainsi, dans cette Carthage, que *le Siècle* représente comme un modèle de démocratie pure, il n'y avait que les plus riches, de père en fils, qui pouvaient être membres du sénat, et, comme c'était de ce corps qu'on tirait le conseil des anciens *nommés à vie*, et de celui-ci les *cinq* ayant un grand pouvoir, il s'ensuit qu'il n'y avait que les membres des familles les plus riches de père en fils qui pouvaient occuper les hauts emplois de cette république, et, en outre, « *la loi exigeait des citoyens un certain re-* « *venu pour être aptes aux emplois.* »

Les anciens auteurs disent bien : on choisissait pour membres du sénat, du conseil des anciens, du pouvoir des cinq, mais aucun d'eux ne dit qui choisissait. Ils parlent aussi de l'assemblée du peuple décidant lorsque les sénateurs n'étaient point d'accord, mais sans rien dire sur la manière dont cette assemblée était formée, ce qui serait cependant le point essentiel à connaître. D'après cette loi, qui exigeait que, pour occuper un emploi quelconque, il fallait avoir un revenu déterminé, il semble qu'on est en droit d'en conclure que pour être électeur, que pour faire partie de l'assemblée du peuple, on devait aussi posséder un certain revenu.

Aristote, qui a parlé avec le plus d'enthousiasme du gouvernement de Carthage, blâme pourtant cette loi, et en donne pour raison que ce revenu exigé en sus du mérite et de *la naissance* pouvait exclure des emplois les plus gens de bien : « Car alors, dit-il, la vertu n'étant « comptée pour rien et l'argent pour tout, parce qu'il con- « duit à tout, l'admiration et la soif des richesses saisit « tout une ville et la corrompt, outre que les magistrats « et les juges, qui ne le deviennent qu'à grands frais, « semblent être en droit de s'en dédommager ensuite par « leurs propres mains. » Et des auteurs nous apprennent que c'est ce qu'ils faisaient, et très-largement. Parmi ces auteurs, il faut citer d'abord Polybe, qui, en parlant de la manière dont on achetait les suffrages de ceux qui conféraient les charges, ajoute que « cela était fort ordi- « naire parmi les Carthaginois, *chez qui nul gain n'était « honteux.* » Et citer ensuite Tite-Live, qui dit : « L'or- « dre des juges exerçait impunément les concussions les « plus criantes. *C'étaient autant de petits tyrans qui dis- « posaient à leur gré des biens et de la vie des citoyens,* « sans qu'il fût possible de se mettre à l'abri de leurs « violences, parce que leurs charges étaient à vie et qu'ils « se soutenaient mutuellement... Une grande partie des « fonds publics était détournée par la mauvaise foi des « gens d'affaires. »

Le grand Annibal, après la seconde guerre punique, fut nommé préteur ; il voulut mettre un terme à cette affreuse tyrannie aux cent têtes et à ces concussions qui ruinaient l'État. Par là, il aurait relevé Carthage de l'abaissement où elle était tombée. Les finances de cette république bien administrées lui auraient rendu sa force et sa puissance, et lui auraient permis d'obtenir de Rome de meilleures conditions d'existence, ou de faire avec avantage cette troisième guerre punique, à la suite de laquelle elle fut entièrement détruite, et ses habitants dispersés ou réduits en esclavage.

Les importantes réformes qu'Annibal commençait à faire dans le gouvernement et l'administration augmentèrent le nombre de ses ennemis déjà très-grand, et qui, par des sentiments d'envie tout-à-fait anti-patriotiques, avaient empêché les mesures, les renforts qu'il réclamait avec instance pour rendre décisifs les grands succès qu'il obtenait en Italie contre Rome, et qui auraient sauvé Carthage de l'entière destruction dont je viens de vous parler.

Tous ces ennemis d'Annibal écrivirent secrètement à Rome, pour la prévenir qu'il cherchait à réunir contre elle plusieurs nations, dont il recevait clandestinement les ambassadeurs, afin de la combattre de nouveau. Les Romains, qui ne se croyaient pas en sûreté tant qu'Annibal existerait, envoyèrent, sous un prétexte quelconque, des commissaires à Carthage : Annibal devait leur être livré. Mais, ayant appris ce qu'on tramait contre lui, il parvint à se sauver. Les Romains le poursuivirent partout où il trouvait un asile. Pour ne point leur être livré vif, il fut obligé de s'empoisonner à l'âge de soixante-dix ans.

En parlant de Carthage, des auteurs disent que la famille Magon se perpétua au pouvoir pendant deux siècles, sans dire comment ; ce fut ensuite la famille Barcine, dont descendait Annibal, qui exerça l'autorité.

Il faut, mes amis, que nous remarquions que les Carthaginois, ainsi que toutes les anciennes républiques, avaient des esclaves, et qu'en outre ils ne combattaient pas par eux-mêmes ; leurs armées étaient en très-grande partie composées de mercenaires, d'hommes dont ils louaient les services pendant un temps plus ou moins long, moyennant un salaire plus ou moins élevé, et qui étaient chargés de se battre pour eux. Cependant le général en chef était Carthaginois.

Polybe dit qu'une des principales causes de la ruine de Carthage fut que « le peuple, devenu insolent par *ses* « *richesses*...., voulut se mêler aussi du gouvernement, « et s'arrogea presque tout le pouvoir. » Dans ce cas, le gouvernement serait devenu démocratique ; mais il n'a pu l'être que bien peu d'années, puisqu'Annibal, forcé de s'exiler en 192 avant J.-C., travaillait, au moment même, à diminuer le pouvoir de l'aristocratie. La destruction de Carthage ayant eu lieu en 146, elle ne fut donc, tout au plus, gouvernée démocratiquement que pendant quarante-six ans, et cette démocratie, comme celle d'Athènes, conduisit promptement sa patrie à la perte de son indépendance nationale.

Tite-Live dit « que les Carthaginois étaient d'un carac- « tère dur, violent, cruel, barbare, et toujours prêts à « répandre le sang des citoyens comme celui des étran- « gers. » Ils sacrifiaient à leurs dieux des victimes humaines, et surtout des enfants, en les faisant brûler vifs.

Voilà une des deux nations que le *Siècle* nous offre

pour exemple à suivre, et cela parce qu'elle n'avait plus de rois, ce qui est vrai ; mais, à leur place, elle avait cent tyrans disposant « à leur gré *des biens et de la vie des* « *citoyens* » (Polybe). Le *Siècle* dit « qu'à Carthage les magistrats étaient annuels. » Mais ses rédacteurs sont des hommes très-instruits, et qui, par conséquent, n'ignorent pas que les cent membres composant le conseil des anciens étaient nommés à vie ; d'où nous devons conclure que les rédacteurs du *Siècle*, dans un moment de gaîté, ont voulu rire de leurs crédules lecteurs, ou bien que leur très-grand amour pour la démocratie pure, fait que, lorsqu'ils lisent, ils ont des yeux pour ne point voir. Voici une nouvelle preuve de cette cécité involontaire, car leur bonne foi est à l'abri de tout soupçon. Dans leur journal du 22 mai 1855, ils disent : « Athènes, voilà la cité vrai- « ment libre... où l'oisiveté est proscrite par la loi... où « les lettres et les arts florissants attestent la liberté de « l'activité humaine... »

Mais c'est Pisistrate qui décréta cette loi contre l'oisiveté. C'est lui qui commença à faire fleurir les lettres et les arts; et c'est Périclès qui, pendant ses quarante ans de règne, les éleva à un si haut degré de splendeur. Ainsi, les rédacteurs du *Siècle*, trompés par leur mémoire, font honneur à la démocratie pure de l'œuvre du pouvoir souverain d'un seul.

Mes amis, avant que nous causions sur les faits relatifs à la république romaine, il faut que nous examinions cette assertion répétée dans tous les temps, et surtout en France depuis quelques années : qu'une liberté orageuse vaut mieux qu'une tranquille servitude.

Orage et liberté sont deux choses tout-à-fait antipathiques et qui ne peuvent exister ensemble. En effet, le mot orage, appliqué à une nation, ne peut avoir qu'une seule signification, c'est que dans cette nation il existe au moins deux factions, dont chacune veut dominer l'autre, lui imposer sa volonté, ses idées, et surtout ses hommes. Si ces factions voulaient se renfermer dans la légalité que chacune d'elles invoque, il n'y aurait point d'orage, puisque, la faction condamnée par la légalité se soumettant, le beau temps régnerait. Mais les factions ne peuvent point agir ainsi, ou bien elles n'existeraient plus. La faction qui n'a pas le pouvoir, aura recours à la force, fera des émeutes, tâchera de faire une révolution; la faction attaquée, pour ne pas cesser d'avoir pour elle la légalité, c'est-à-dire le pouvoir, aura aussi recours à la force, et l'une et l'autre, pour triompher, emploieront tous les moyens possibles, sans regarder si, aux yeux de la raison, de l'humanité, ces moyens sont de bon aloi. Quand on a les armes à la main, surtout dans les guerres civiles, où les proscriptions et la mort attendent les vaincus, on est de toute nécessité conduit à une seule chose, à être vainqueur à tout prix, et, à tout prix aussi, il faut empêcher que le vaincu de la veille ne soit le vainqueur du lendemain. Sans recourir à des exemples fournis par des peuples étrangers, c'est précisément notre histoire, à partir de 1792 jusqu'en 1800, et de 1815 jusqu'à la présidence de Louis-Napoléon.

Dans une nation, surtout nombreuse, il est impossible qu'il n'y ait pas 1° un certain nombre de personnes à l'humeur intraitable, que tous les Pisistrates du monde ne pourraient adoucir; 2° des gens qui, ayant mangé leur fortune, veulent redevenir riches sans recourir à un travail quelconque; 3° des personnes qui sont riches encore, mais qui, ayant abusé de toutes les jouissances, n'y trouvent plus aucun plaisir, et finissent par tomber dans ce profond dégoût, cet insupportable ennui que donne la satiété; ils espèrent y échapper par de très-fortes émotions produites par des bouleversements politiques; 4° des ambitieux n'ayant que de très-médiocres talents, mais possédant un amour-propre excessif, qui leur fait croire qu'ils doivent être au rang le plus élevé; ils sentent que, quand une nation est calme, tranquille, heureuse, ils n'ont aucune chance de s'élever au sommet de l'édifice; 5° des hommes à demi instruits, en trop grand nombre, surtout maintenant, pour que tous ils puissent avoir des places lucratives du gouvernement, et qui ont trop de vanité pour se résoudre à gagner leur existence par un travail qu'ils regardent comme bien au-dessous de leur savoir; 6° des gens criblés de dettes; — et, enfin, il est impossible qu'il n'y ait point parmi le peuple des hommes qui, très-paresseux, veulent cependant goûter les jouissances de la richesse.

Ce sont toutes ces catégories d'individus qui répètent cette sentence: Qu'une orageuse liberté vaut mieux qu'une tranquille servitude. Le calme, l'ordre, le bonheur de la vie privée, et celui des relations intimes et affectueuses, c'est de la servitude pour tous ces hommes-là qui ont besoin de pêcher en eau trouble; ils savent que, quand il fait de l'orage, l'infecte boue qui est au fond vient à la surface. Tous ces hommes ne forment heureusement qu'une faible minorité, mais qui est très-dangereuse par son extrême audace et par sa ferme volonté de ne reculer devant aucun moyen pour parvenir à son but. Le petit nombre des individus formant cette minorité leur donne un certain avantage, parce qu'ils sont plutôt réunis que les hommes de la majorité, dispersés sur une vaste étendue.

Que penseriez-vous, mes amis, de quelqu'un qui viendrait vous dire qu'il vaut bien mieux, dans un ménage, que le mari, la femme, les enfants se querellent, se disputent très fortement, se battent même, que de vivre tous tranquillement, en bonne intelligence, jouissant des honnêtes plaisirs qui sont à leur portée ?

Une nation est une réunion plus ou moins nombreuse de familles ; ces familles en sont la base, et ce qui ferait le malheur de chacune des parties d'une nation, ne peut point faire le bonheur du tout. Le bon sens nous dit qu'on aura beau mettre ensemble un très grand nombre de malheurs particuliers, on n'en pourra jamais former un bonheur général.

Demain, nous parlerons de la république romaine, où régna longtemps ce que de certaines gens appellent une liberté orageuse, et nous verrons à quelle époque de l'existence de Rome le peuple fut heureux.

CINQUIÈME ENTRETIEN.

Rome fut gouvernée pendant deux cent quarante-quatre ans par des rois. Pendant ces deux siècles et demi, la nation entière goûta un véritable bonheur. Rome, comme Athènes et Carthage, était divisée en deux classes, celle des nobles, appelés patriciens, et celle des roturiers, appelés plébéiens. Il faut nous ressouvenir de la signification de ces deux noms. Ces deux classes, contenues par le pouvoir royal dans de justes bornes, dont une affection réciproque faisait la base, vécurent dans la meilleure intelligence. Les terres conquises sur les ennemis étaient partagées dans une équitable proportion entre les deux ordres, de manière que la part revenant au peuple était suffisante pour son existence et celle de sa famille.

Les patriciens, pour une de ces causes qui font une vive impression sur tout le monde, parce que nul n'est à l'abri d'un semblable malheur, les patriciens, dis-je, pour une femme noble violée, parviennent à exciter un soulèvement général. Tarquin, le roi régnant, le père du coupable, est chassé, la royauté est abolie, et la souveraineté passe au sénat ; les nobles seuls pouvaient en être membres.

Les patriciens usent d'abord de cette souveraineté avec

une certaine modération, surtout pendant que le parti de Tarquin ne fut point tout-à-fait abattu ; mais de jour en jour se développe leur système d'oppression et de rapines. Quelquefois par force, souvent par ruse, ils s'emparent des terres conquises, et les confondent avec celles dont ils ont légalement hérité. Le peuple, privé de cette ressource, est obligé d'emprunter aux patriciens, qui réduisent en esclavage et traitent avec la plus grande cruauté les plébéiens ne pouvant point rembourser les denrées ou l'argent prêté. Nous avons vu qu'il en fut de même à Athènes.

Onze ans après l'abolition de la royauté, Rome, pour la première fois, voit une sédition, qui fait créer la dictature, pour forcer le peuple à s'enrôler. Cinq ans plus tard, les plébéiens, de plus en plus opprimés par les nobles, abandonnent Rome, se retirent sur le mont Sacré, à une lieue de la ville, et ne consentent à y revenir qu'après avoir obtenu du sénat l'abolition des dettes et la création de magistrats annuels, nommés tribuns, chargés de les garantir de l'oppression des nobles.

La création du tribunat, loin de calmer l'animosité réciproque des deux ordres, ne fait que l'augmenter ; les tribuns, pour accroître leur autorité, excitant le peuple contre les nobles, et ceux-ci cherchant des prétextes pour abolir le tribunat, qui diminue leur pouvoir. Bientôt après, ces dissensions intérieures ne s'arrêtent point aux injures, aux menaces ; on en vient aux coups au sujet de Coriolan.

On propose la loi agraire, c'est-à-dire le partage entre tous les citoyens des terres conquises depuis l'abolition de la royauté. La demande de cette loi, souvent renouvelée, et toujours repoussée par les patriciens, devient une cause perpétuelle de discordes intestines.

Pour tenir hors de Rome les hommes du peuple, qui, en temps de guerre, étaient soldats, les consuls, tous patriciens, s'attachent à provoquer des guerres continuelles. Les consuls avaient le droit du glaive, c'est-à-dire le droit de vie et de mort sur leurs soldats ; ils avaient par là les moyens de se venger des plébéiens qui, dans les assemblées du peuple, montraient le plus d'acharnement contre le pouvoir des nobles.

Le tribun Térentius propose qu'on nomme cinq commissaires pour mettre des bornes à l'autorité des consuls. Cette autorité était de deux espèces, militaire et civile : nous venons de voir ce qu'elle était à l'armée. Dans Rome, ils jugeaient arbitrairement tous les citoyens, parce qu'il n'existait point un code de lois qu'ils fussent obligés de suivre, de sorte que, par là encore, le sort des plébéiens dépendait du caprice des patriciens. Céson, fils de Cincinnatus, se distingue entre tous les nobles par sa violente opposition aux entreprises des tribuns ; il se met à la tête de jeunes patriciens, et dissipe par la force l'assemblée du peuple où devait être votée la loi limitant le pouvoir des consuls. Les tribuns l'accusent d'un crime imaginaire ; dix de ses amis, pour lui éviter la prison préalable, le cautionnent pour une somme très-forte. Céson, craignant d'être condamné, même à mort, s'enfuit. Son père Cincinnatus, pour désintéresser les amis qui avaient servi de caution à son fils, vend presque tout ce qu'il possède. Les historiens disent « qu'on vit cet illustre consulaire « réduit à cultiver de ses propres mains cinq ou six ar-

« pents de terre, qui composaient alors tout son bien.
« C'était là tout ce qui lui était resté des débris de sa
« fortune. »

Peu de temps après, Cincinnatus, dans des circonstances critiques, est nommé d'abord consul, ensuite dictateur. Ceux envoyés pour lui apprendre ces nominations le trouvent conduisant lui-même la charrue; et là-dessus on a fait de très-belles phrases pour célébrer ces premiers temps de la république où l'on allait prendre à la charrue les chefs de l'État et des armées.

Le fait de cette très-forte caution remboursée par Cincinnatus prouve que, comme les autres nobles, il était riche, et ce que disent les historiens, qu'il fut *réduit* à cultiver de ses propres mains, prouve aussi qu'avant il ne se livrait pas habituellement à ces travaux, qu'il avait des esclaves pour cultiver ses terres : esclaves et terres, il fut forcé de tout vendre. Mais s'il avait laissé les amis de son fils payer la caution de Céson, il aurait agi en malhonnête homme.

On fait aussi de très-belles phrases sur la vertu, les bonnes mœurs qui régnaient dans les premiers siècles de la république. Je vous le répéterai souvent : ne consultons que les faits, ne nous en rapportons qu'à eux seuls. Nous ne sommes pas, mes amis, quoi qu'en disent certaines gens, des imbéciles dépourvus de jugement, d'intelligence, auxquels il faut seriner ce qu'ils doivent penser.

Ce fut seulement quarante-huit ans après la proclamation de la république que le fils de Cincinnatus fut forcé de se bannir. Le crime qu'on lui imputait était d'avoir tué le frère du tribun Volscius; celui-ci, dans son accusation, dit que son frère et lui, passant le soir près du quartier *où logent les femmes publiques*, ils rencontrèrent « Céson plein de vin, et accompagné... de plusieurs jeunes « patriciens... et qui venaient apparemment de faire la « débauche ensemble dans ces maisons de prostitution. » (Tite-Live, Denys d'Halycarnasse, etc., etc.)

Pour que le tribun citât de telles circonstances à l'appui de son accusation, il fallait bien que ces maisons de femmes publiques existassent, ainsi que l'habitude des Romains d'aller y faire des orgies et de se soûler. De tels établissements et leur fréquentation sont évidemment incompatibles avec la frugalité, la vertu, les bonnes mœurs et les travaux rustiques dont les déclamateurs font de si beaux portraits.

« Enfin, après de nouvelles disputes, pleines d'animo- « sité et de violence, le sénat donna son consentement » à la partie de la loi Térentia qui concernait les lois à faire, et il fut décidé que les consuls seraient obligés de les suivre dans leurs jugements. Ces lois, appelées des Douze Tables, conservaient aux pères un pouvoir absolu sur leurs enfants, et aux maîtres un pouvoir semblable sur leurs esclaves. Les débiteurs étaient livrés aux cruautés des créanciers. Un article de ces lois défendait aux familles nobles toute alliance matrimoniale avec les familles roturières.

Peu à peu ces lois des Douze Tables devinrent moins dures; mais ce fut toujours à la suite de séditions que ces adoucissements eurent lieu. Les patriciens ne surent jamais céder d'avance aux justes réclamations du peuple; il fallait qu'ils y fussent contraints.

Cent cinquante ans après que Rome fut devenue république, les plébéiens, à force de luttes intestines, arrachèrent au sénat son consentement pour qu'ils pussent être nommés à toutes les charges même les plus élevées, et qu'on désignait par le nom de curules. Mais il faut, mes amis, faire bien attention que ce ne fut point une révolution comme celle de 1789. A cette époque de notre histoire, il n'y eut plus qu'un seul ordre ; celui de la noblesse disparut complètement, et ce qu'on appelait avant l'ordre du tiers-état voulut bien recevoir dans ses rangs les individus qui formaient, avant le 14 juillet, l'ordre de la noblesse.

Il n'en fut point de même à Rome ; la distinction entre l'ordre des patriciens et celui des plébéiens continua toutours à exister. Seulement le plébéien élevé à une charge curule devenait noble lui et ses descendants, quoiqu'il y eût toujours une différence morale entre ces anoblis et les patriciens d'antique race. Ce fut exactement pour ces plébéiens ce qu'était autrefois en France, pour les roturiers, ce qu'on appelait une savonnette à vilain. Un roturier passait de la classe du peuple dans celle des nobles par la volonté du roi, ou en achetant une place qui conférait la noblesse ; mais cela n'opérait aucun changement, aucun rapprochement entre les deux ordres : il en fut de même à Rome; le gouvernement continua toujours à être aristocratique.

Le peuple tendait sans cesse à le rendre démocratique ; les nobles faisaient au contraire tous leurs efforts pour reprendre aux plébéiens les concessions qu'ils avaient été forcés de leur faire, afin de tout rétablir comme dans le premier siècle de la république ; de là des dissensions intestines souvent très-meurtrières.

Les anoblis se montraient encore plus acharnés contre le peuple que les nobles, dont les aïeux l'étaient depuis très-longtemps ; nous avons vu la même chose dans notre révolution.

Aussi, loin que le parti du peuple acquît de la force par ces anoblissements, il en était au contraire affaibli de deux manières : 1° parce qu'il perdait par là ceux qui étaient à sa tête, ceux qui avaient le plus de mérite et de fortune, et 2° à cause que le parti de la noblesse s'enrichissait des pertes que faisait le parti du peuple. C'est si bien vrai, que deux cent quarante ans après que les plébéiens furent admis à toutes les charges, les Gracques, en remettant sur le tapis la loi agraire, continuellement proposée depuis plus de trois siècles et demi, et toujours éludée, purent dire : « Les bêtes sauvages ont des tanières, et des citoyens romains, qu'on appelle les « maîtres du monde, n'ont point de toit pour leur de« meure, pas un pouce de terre pour leur sépulture. »

Je crois vous avoir déjà dit, mes amis, que la loi agraire dont il s'agissait n'était point du tout le partage entre tous les citoyens de toutes les terres, de manière à ce que chacun en eût une portion égale. Tout en laissant à chacun ce que lui ou ses pères avaient loyalement acquis, on demandait que les terres conquises sur les ennemis depuis le commencement de la république, et dont les nobles, par fraude ou par violence, s'étaient emparés, revinssent au domaine public, et fussent partagées entre les hommes du peuple les plus pauvres, de manière qu'il n'y eût plus à Rome de prolétaires, et que chacun de ses habitans possédât un peu de terrain. Mais un assez grand nombre de plébéiens avaient, par achat ou autrement, de ces terres conquises, et ils se joignirent aux patriciens pour faire repousser la loi agraire.

Dans deux émeutes successives organisées par le parti des nobles, les deux tribuns du peuple, Tibérius Gracchus d'abord, et ensuite son frère Caïus, furent tués, ainsi qu'un grand nombre de plébéiens : ce fut le sanglant prélude des atroces guerres civiles pendant lesquelles Marius était à la tête du peuple tandis que la noblesse avait pour chef Sylla. Pendant l'absence de celui-ci, Marius assiège Rome, la prend, l'inonde de sang, et organise les affreuses proscriptions ; il meurt avant le retour de Sylla, qui entre dans Rome sans combat. Il se montre aussi cruel que Marius. Lorsque sa vengeance est assouvie, il abat le parti populaire, et donne un grand pouvoir à celui de la noblesse ; ensuite il abdique la dictature, devient un simple particulier, et meurt bientôt après.

Pompée devient le chef de la noblesse, César le chef du peuple. César est complètement vainqueur de Pompée et de tous ceux qui veulent relever le parti des patriciens. L'attachement de César pour le peuple n'était pas né des circonstances où il se trouvait, il l'avait fait paraître dès sa jeunesse. Sylla, sur quelques indices échappés à César, pénétra ses sentiments, et répondit à ceux qui le lui dépeignaient comme un jeune libertin ne pensant qu'à ses plaisirs et point du tout aux affaires politiques : « *Ne* « *voyez-vous pas dans ce jeune homme plus d'un Marius?* » c'est-à-dire plus d'un homme dévoué aux intérêts du peuple. César, certain du mauvais vouloir de Sylla à son égard, prit le parti de se bannir.

Après la mort de Sylla, et avant sa conquête des Gaules, qui, comme général, le mit hors ligne, il avait été nommé consul : aussitôt il proposa une loi agraire très-favorable au peuple sans être cependant aussi nuisible aux nobles ; mais, malgré cet adoucissement, ceux-ci la firent repousser.

Marius et Sylla, qui avaient agi selon cette maxime : « Qu'il faut exterminer ses ennemis, » meurent dans leur lit ; César, qui mettait en pratique cette autre maxime : « Qu'il faut, à force de bienfaits répandus sur ses ennemis, s'en faire des amis, » meurt assassiné.

Il est assassiné par des nobles qui lui devaient la vie, qu'il avait comblés de bienfaits, et placés au rang de ses meilleurs amis. Eux aussi affectaient d'avoir pour lui la plus tendre amitié, le plus entier dévouement ; mais ils ne lui pardonnaient point d'avoir placé le peuple sur la même ligne qu'eux, d'avoir établi entre tous les Romains l'égalité politique. Ces chefs des patriciens l'assassinèrent au moment même où ils lui demandaient de nouvelles faveurs.

Parmi ces monstres d'ingratitude, se place au premier rang Brutus, que, par une aberration d'esprit inconcevable, les historiens ont appelé le dernier des républicains. Le dernier des aristocrates, soit, c'est le nom qui lui convient. Je vais vous le prouver, mes amis. Mais, d'abord, il faut que nous nous rendions bien compte de la situation de Rome au moment où César parvint au pouvoir.

Tous les historiens sont d'accord sur les faits que je vais vous citer, ainsi que sur ceux concernant Brutus.

D'après les lois, la personne des tribuns du peuple était inviolable et sacrée, ce qui n'avait point empêché les nobles de tuer les Gracques. Depuis ce moment-là, les tribuns du peuple, intimidés, ne prirent que très-faiblement sa défense, et, bientôt après, les lois promulguées par Sylla laissèrent tout-à-fait le peuple sans protecteur. En effet, ces lois défendaient aux tribuns du peuple de se mêler de législation ; et de plus, les tribuns, c'est-à-dire les défenseurs du peuple contre les nobles, devaient être tirés du sénat, de sorte que c'étaient les loups qui se trouvaient chargés de la sûreté, de la conservation des moutons. Ces mêmes lois rendirent au sénat le droit de juger les plébéiens; en un mot, Sylla détruisit tous les avantages que les plébéiens avaient arrachés à la noblesse par cinq cents ans de luttes, souvent très-meurtrières.

Le peuple se trouva donc, comme dans les premières années de la république, complètement à la merci des patriciens; aussi tomba-t-il de plus en plus dans la misère, tandis que les nobles et les anoblis commandant les armées qui faisaient la conquête du monde, surtout de l'Asie, en rapportaient des richesses fabuleuses. Alors Rome présenta le même spectacle qu'Athènes après la mort de Périclès. Les généraux revenaient à Rome avec d'immenses trésors qui leur permettaient d'acheter les suffrages du peuple et d'obtenir de nouveaux commandements, ou d'être conservés dans ceux qu'ils avaient déjà, ce qui leur donnait les moyens de s'enrichir de plus en plus : la corruption la plus effrénée en fut la suite.

Le peuple, continuellement dépossédé par les nobles, n'eut bientôt plus d'autre ressource, pour ne pas mourir de faim, que de vendre ses votes, ce qui se faisait publiquement. Il y avait des entrepreneurs pour ces sortes de marchés; les emplois étaient mis par eux à l'encan, et, lorsque l'argent ne suffisait point, ils employaient la violence pour faire élire ceux qui les payaient, de sorte que presque toutes les nominations entraînaient la mort de plusieurs personnes. Il arriva souvent que les promesses, l'or et les forces des acheteurs de places se balançant, il n'y eut point d'élection. Rome fut une fois huit mois sans magistrats.

Ainsi, corruption et vénalité poussées à leurs dernières limites; profonde misère du peuple mis sous les pieds des nobles par les lois de Sylla, qui étaient toujours en vigueur; immenses richesses des grands, meurtres continuels; voilà ce qu'on appelle la liberté romaine détruite par César, voilà cette liberté que les assassins de César voulaient rétablir.

César, lorsqu'il fut parvenu au pouvoir, ne voulut point, comme Marius, détruire les nobles; il leur laissa au contraire la juste influence que dans tout gouvernement bien constitué doivent avoir les hommes instruits, les hommes de talent; mais en même temps il arrachait le peuple des griffes de l'aristocratie, et, en l'élevant moralement et physiquement, il le mettait au niveau des hautes classes de la société. Mais c'est là précisément ce qui excitait la haine de l'hypocrite noblesse, qui aurait bien consenti à avoir Pompée pour maître (les faits historiques le prouvent), parce que les sentiments de Pompée étaient tout aristocratiques, mais qui ne pouvait point supporter César entièrement dévoué au peuple.

Demain, nous nous occuperons des faits relatifs à Marcus Brutus, le chef des assassins de César.

SIXIÈME ENTRETIEN.

Brutus tenait beaucoup à être, par son père et sa mère, d'une très-grande noblesse remontant à la fondation de Rome. Il prétendait descendre du patricien Junius Brutus, qui, profitant du viol de Lucrèce, détrôna Tarquin. Mais il faut que nous fassions bien attention, mes amis, que si Junius Brutus abolit la royauté, ce fut au profit de l'aristocratie, qui, comme nous l'avons vu, opprima très-fortement le peuple, se montra impitoyable envers lui, et l'obligea enfin à se révolter pour rendre un peu moins pesant le joug dont elle le chargeait. Sous le rapport des sentiments aristocratiques, le second Brutus était digne de descendre du premier. Noblesse oblige, a-t-on dit, oui; mais envers la noblesse.

Beaucoup des contemporains de Marcus Brutus lui contestaient cette origine et assuraient qu'il descendait d'un anobli.

Pour nous, la seule chose qui nous intéresse, ce sont les prétentions nobiliaires de ce prétendu républicain.

Lorsque la guerre civile éclate entre Pompée, le chef de la noblesse, et César, le chef du peuple, Brutus va rejoindre Pompée; il combat à ses côtés, quoique les sentiments les plus naturels lui fissent un devoir de rester au moins neutre. Pompée, quelques années avant, malgré les lois et les traités, avait fait mourir le père de Brutus. Il est vrai que le père de Brutus soutenait le parti du peuple ; Pompée était donc très-excusable de l'avoir tué.

Avant la bataille de Pharsale, où l'armée des nobles fut complètement vaincue, César donna l'ordre de faire tout ce qu'on pourrait pour sauver la vie à Brutus, et, s'il combattait pour n'être pas pris, de le laisser se sauver en toute sûreté ; ce qui fut exécuté. *Le lendemain* de la bataille, Brutus écrit à César qui l'attire auprès de lui, le comble de bienfaits, de dignités, le place au rang de ses meilleurs amis.

Si Brutus ne s'était joint à l'assassin de son père que guidé par des sentiments honorables, que parce qu'il croyait le parti de Pompée le plus juste, le plus favorable à la liberté et au bonheur du peuple romain, aurait-il du jour au lendemain changé de parti ? La victoire, en se déclarant pour César, avait-elle donc en même temps arraché le bon droit du camp de Pompée pour le transporter dans celui de César ? Certes, si l'on a fait à Rome comme en France après 1815, un dictionnaire des girouettes, Brutus s'y sera trouvé au premier rang.

César, ignorant complètement vers quel pays se retirait Pompée, ne savait où le poursuivre ; Brutus lui démontra que Pompée avait dû nécessairement prendre le chemin de l'Egypte ; César le crut. Le roi de ce pays ne fit assassiner Pompée que parce qu'il sut que César arrivait. Ainsi, abandonner le chef de son parti ne suffisait point à Brutus, il fallait, de plus, qu'il fût cause de sa mort.

Brutus était le neveu de Caton, qui l'avait élevé comme

son propre fils, lui avait fait avoir, quoique tout jeune, de hauts emplois, et l'avait marié avec sa fille. Les liens les plus forts de la reconnaissance et d'une si intime parenté devaient donc attacher Brutus à Caton.

Caton soutenait en Afrique le parti de Pompée. César, avant d'aller le combattre, donne le gouvernement de l'Italie à Brutus, qui, en le secondant parfaitement, en faisant tout pour le faire aimer, lui fournit les moyens d'employer toutes ses forces contre Caton, et de le vaincre entièrement.

Caton était un homme d'honneur, vrai républicain peut-être, mais au moins ayant la conviction que le parti de Pompée était le meilleur. Il ne voulut ni changer d'opinion, ni devoir la vie à César ; il se tua. Brutus, en servant très efficacement César combattant Caton, contribua donc à la mort de son oncle, de son bienfaiteur et de son beau-père.

Cicéron, ami de Brutus et du même parti que lui, dit cependant que Brutus profitait du pouvoir que lui donnait ses emplois pour faire l'usure. Du reste, à cette époque comme depuis la fondation de la république, la plupart des nobles en faisaient autant.

Brutus pouvait se dispenser de frapper César entouré des conjurés et n'ayant là personne pour le défendre ; mais il tenait à se couvrir de son sang. Les assassins, comme des chiens à la curée, se jetèrent avec tant de violence sur César, mirent tant de précipitation à lui plonger leurs poignards dans le corps, qu'ils se blessèrent entre eux ; Brutus le fut assez gravement à la main. Lorsque César le vit s'approcher pour le frapper, il lui dit : « Et toi aussi, mon fils ! » Il se couvrit en même temps le visage avec son manteau, et cessa de se défendre.

L'assassinat consommé, les conjurés se répandirent dans la ville en criant : Vive la liberté ! Mais le peuple, comme celui d'Athènes lorsque Harmodius et Aristogiton assassinèrent le fils de Pisistrate, comprit très-bien que cette liberté qu'on proclamait, c'était le rétablissement de ce qui existait avant la bataille de Pharsale, c'est-à-dire l'entier asservissement du peuple à la noblesse ; le peuple, dis-je, d'abord plongé dans cet abattement, dans cette presque cessation de la vie qui suit les grands malheurs inattendus, revenu à lui, est transporté de fureur contre ceux qui le privaient d'un véritable père : il voulut les brûler dans leurs maisons. Brutus se réfugia à Antium ; ceux de ses partisans qui étaient moins compromis restèrent à Rome, et le pressèrent d'y revenir, l'assurant que sa présence donnerait à leur parti de grandes chances de se relever ; mais comme, d'autre part, on lui disait que des vétérans entraient la nuit furtivement dans Rome avec le projet de le tuer, il n'osa point y revenir. Il se retira dans Athènes, d'où il organisa la guerre civile.

Un des grands reproches que Brutus et les autres assassins faisaient à César dans leurs conciliabules, c'était d'affecter la souveraineté ; car il était le premier qui, depuis la chute des rois, avait mis son effigie sur les médailles. Brutus en fit autant ; d'un côté était son buste, et de l'autre deux poignards avec les initiales des ides de mars, du jour où César fut assassiné. C'est bien le cas de dire : « Ote-toi de là que je m'y mette. »

La veille du jour où Brutus livra bataille à Octave, il

promit à son armée, si elle faisait bien son devoir, si elle était victorieuse, de lui donner à piller à discrétion deux grandes villes. Etrange promesse faite par un chef qu'on dit républicain à une armée qui, assure-t-on, combattait pour la liberté !

Les historiens anciens et modernes ont répété que le parti de Pompée était le plus juste, était le défenseur des lois parce qu'il avait pour lui le sénat ; mais le peuple était pour César ; en outre, il faut bien se rappeler ce qu'étaient ces lois.

Mes amis, vous comprenez très-bien, n'est-il pas vrai, que c'est sur la manière dont Rome était constituée qu'il faut juger Pompée, César et les assassins de celui-ci ?

L'assassinat du second des Gracques détruisit de fait le pouvoir des tribuns du peuple, et, lorsque Sylla triompha entièrement du parti populaire, ce pouvoir cessa d'exister de droit. Comme nous l'avons déjà vu, Sylla rétablit l'autorité du sénat et des nobles telle qu'elle était avant la création des tribuns du peuple ; même il fit plus que de détruire cette institution, il la tourna contre le peuple lui-même, en ordonnant que les tribuns, auxquels du reste il ne laissait aucun pouvoir réel, seraient tirés du sénat.

Les historiens ont aussi élevé aux nues Porcia, la femme de Brutus. L'histoire du passé sert à connaître le présent ; mais les faits contemporains peuvent aussi servir à bien juger du passé.

La femme du général Moreau, orgueilleuse et envieuse d'honneurs à l'excès, était furieuse que son mari, et par conséquent elle, ne fussent point au premier rang, qu'il leur fallût céder le pas au premier consul et à sa femme.

Un jour, dans une cérémonie publique à Notre-Dame, elle prit la place réservée à Joséphine. Elle résista à toutes les observations qu'on lui fit ; il aurait fallu employer la force pour l'en faire sortir : on l'y laissa.

Dans le port où elle débarqua en revenant d'Amérique, elle s'habillait dans son appartement en reine, diadème au front, manteau royal sur ses épaules. Elle avait pris le plus grand ascendant sur son mari, malheureusement d'un caractère très-faible. C'est elle qui le poussa à s'allier avec le chef des chouans et autres royalistes qui voulaient assassiner le premier consul, espérant bien que, lui mort, son mari le remplacerait. Pichegru, après une conversation avec lui, dit aux autres chefs royalistes que Moreau ne travaillait que pour lui. C'est elle aussi qui finit par déterminer Moreau à combattre sa patrie affaiblie par d'immenses revers.

J'ai la conviction que Porcia fut de son temps ce que la femme du général Moreau a été du nôtre. Porcia était la fille de Caton, et, si elle avait eu les nobles sentiments qu'on lui prête, elle eût obtenu de son mari d'aller rejoindre leur père, ou au moins qu'il n'aidât pas César à le vaincre.

Dans les premiers temps que celui-ci eut le pouvoir, on pensait généralement que Brutus serait son successeur ; mais l'on sut que César avait adopté son neveu Octave, qui, par là, avait tous les droits d'un fils, et, par conséquent, devenait son héritier. Porcia vit qu'elle ne serait jamais qu'au second rang. Trompée dans son ambition, elle usa de son influence sur son mari pour le porter à devenir le chef des assassins de César ; Brutus, il faut lui rendre cette justice, avait balancé un peu de temps.

Mes amis, dans ce que je viens de vous dire de Porcia, je n'ai d'autres preuves que celles qu'on appelle d'induction : elles ont porté la conviction dans mon esprit ; mais je ne serais pas étonné qu'elles ne fissent point le même effet sur vous. Dans tous les cas, si Porcia est innocente de la fatale influence que je lui attribue, Brutus n'en est que plus coupable, puisqu'il n'a suivi que ses propres inspirations lorsqu'il s'est joint à l'assassin de son père, dont le crime était de combattre pour le peuple ; lorsque le lendemain du jour où Pompée a perdu une bataille, il s'est rallié à César, et lui a fourni des indications qui ont amené la mort de son ancien chef ; lorsqu'en servant César, il a contribué autant qu'il a pu à la mort de son oncle, qui lui avait servi de père, et dont il était le gendre ; lorsqu'il a plongé son poignard dans le sein de son sauveur, de son bienfaiteur, qu'il assurait, le matin même, de la plus tendre amitié, du plus entier dévouement. C'est par ces assurances que Brutus et les autres conjurés entraînèrent César, qui ne voulait pas sortir ce jour-là, dans l'endroit où ils voulaient l'assassiner.

Comme je vous l'ai déjà dit, ces faits sont attestés par tous les historiens, et entre autres par Plutarque pour les plus essentiels ; et, malgré ces faits, les historiens n'en font pas moins de grandes phrases sur la haute vertu, l'ardent patriotisme et l'extrême amour de la liberté (la liberté selon les lois de Sylla) dont Brutus était animé. Pour nous, mes chers amis, qui pour faire briller notre esprit ne savons point faire de phrases déclamatoires ; pour nous, qui avons du bon sens et un cœur bien placé, un cœur d'honnête homme, et qui ne jugeons que sur les faits, nous pouvons nous écrier en toute sûreté de conscience : que Brutus, usurier et assassin, est un des hommes les plus méprisables, les plus atroces dont l'histoire fasse mention.

A la mort de César, an 44 avant J.-C., Octave son neveu, son fils adoptif et son héritier, n'avait que dix-huit ans. Malgré les larmes de sa mère, les prières de son beau-père et les conseils de ses amis, il vint à Rome et s'y posa audacieusement comme l'héritier de César. Pendant seize ans, à peu de temps près, il poursuivit avec vigueur les assassins de son père, et finit par les punir. Pendant cette époque, Octave, imitant ses ennemis, commit d'affreuses cruautés. Lorsqu'il fut entièrement vainqueur, il prit le nom d'Auguste, et fonda l'empire, qui dura cinq siècles et qui ne fut détruit que par les barbares du Nord.

Auguste et ses successeurs prirent le peuple pour point d'appui de leur puissance illimitée ; aussi firent-ils tout pour le rendre heureux autant que cela est possible. Sous les bons empereurs, le bonheur était général ; sous les mauvais, la noblesse seule avait à souffrir : comme la foudre, ils ne frappaient que les sommités.

En France, dans le parti républicain, il y a des personnes animées d'un vrai patriotisme, qui aiment le peuple, qui voudraient réellement le voir heureux, et dont l'opinion n'est point le résultat de la soif de s'enrichir et de parvenir aux plus hautes dignités, même à celle de chef de l'Etat ; mais ces personnes peuvent faire beaucoup de mal à leur patrie, en trompant sur leur nombre ceux qui ont des sentiments tout opposés à leurs sentiments, quoiqu'ils tiennent le même langage qu'eux. Que l'expérience du passé serve de leçon aux honnêtes gens qui sont républicains de bonne foi.

César est tué pour empêcher, disent ses assassins, le retour de la royauté, qui, sous le nom d'empire, est rétablie seize ans plus tard, avec une puissance supérieure à celle qu'elle avait avant. Mais les années écoulées entre la mort de César et l'empire ont été, pour tous les Romains, une époque d'affreux malheurs. Ces malheurs n'auraient point existé si César avait vécu. Le peuple, pour se garantir de la plus cruelle des oppressions, celle d'une caste nobiliaire ou bien celle de l'anarchie, aurait rétabli la monarchie en sa faveur.

César mourant d'une mort naturelle, Otave, son fils adoptif, serait monté sur le trône sans aucune opposition, ainsi qu'y monta Tibère, successeur d'Octave, ce qui aurait épargné aux Romains l'horrible fléau des guerres civiles. Octave, devenu l'empereur Auguste, a prouvé pendant les quarante-deux ans qu'il a régné, que les circonstances seules l'avaient rendu cruel ; mais que par ses nobles sentiments, par la bonté de son cœur très-porté à la clémence, il était le digne fils de César. De plus, en y réfléchissant, mes amis, nous verrons que les assassins de César ont été en partie cause de la cruauté d'un assez grand nombre d'empereurs, qui ne commirent tant d'atrocités que dominés par la peur ; ils avaient sans cesse sous les yeux les exemples de Marius et de Sylla, tout couverts du sang de leurs ennemis, et cependant mourant dans leur lit ; et l'exemple de César massacré par ceux qui lui devaient la vie, et qu'il avait accablés de bienfaits. Ces mauvais empereurs savaient que ce crime avait été l'ouvrage de la noblesse, aussi la frappaient-ils à coups redoublés ; en outre, cette noblesse, se rappelant toujours son ancien pouvoir, conspirait sans cesse pour le rétablir. Le peuple, au contraire, sachant, par la tradition et l'histoire, combien le gouvernement aristocratique l'avait rendu malheureux, soutenait la monarchie impériale, à l'ombre de laquelle il jouissait d'un véritable bonheur.

Pour résoudre, d'après l'histoire romaine, le problème qui nous occupe, celui de savoir quelle est, des différentes espèces de gouvernement, celle qui rend le peuple le plus heureux, il faut consulter les faits ; ce sont eux qui nous diront que le peuple fut heureux pendant les huit siècles que Rome fut une monarchie, et très-malheureux pendant les cinq siècles qu'elle fut une république. Rappelons-nous qu'il en fut absolument de même pour le peuple athénien.

Sans doute, c'est merveilleux de voir qu'une ville a conquis le monde alors connu ; mais croyez-vous, mes amis, que ces générations faisant presque continuellement la guerre, étaient bien heureuses, surtout si l'on considère que les généraux, c'est-à-dire les anciens nobles et les anoblis, avaient droit de vie et de mort sur les soldats soumis à des châtiments corporels ?

D'abord, deux cent quarante-quatre ans de royauté ; tous les Romains heureux, aussi bien les plébéiens que les patriciens ; une véritable fraternité régnant entre les deux ordres ; ensuite vient la république qui dure cinq siècles, pendant lesquels les anciens et les nouveaux nobles possèdent seuls richesses et dignités, tandis que le peuple, presque toujours dans la misère, est forcé de se révolter sans cesse pour empêcher que le joug des nobles redevienne, comme à la fondation de la république, tout-à-fait accablant, ce qui a lieu cependant après que la noblesse eut fait mourir le second des Gracques et massacré trois mille plébéiens de son parti, et obligé celui-ci, cent vingt-un ans avant Jésus-Christ, à se tuer pour échapper au supplice.

La république cède la place à l'empire, qui, pendant les cinq siècles qu'il dure, rend le peuple heureux.

SEPTIÈME ENTRETIEN.

L'Italie vit au commencement du douzième siècle s'élever dans son sein une foule de républiques, dont M. Sismonde de Sismondi, républicain, a écrit l'histoire avec de grands détails. En le lisant, on voit que l'histoire de l'une est l'histoire de toutes, et pendant tout le temps qu'elles ont existé. Pour vous mettre à même, mes amis, de juger si le peuple eut la possibilité d'être heureux sous le gouvernement républicain, je vais laisser parler M. de Sismondi. Il dit, au tome 2, page 281, édition de 1826 :

« *Pendant quarante ans*, la guerre civile fut continuée « presque sans interruption dans les murs de Ferrare. « Durant cet espace de temps, dix fois une faction chassa « l'autre de la ville ; dix fois toutes les propriétés des « vaincus furent livrées au pillage, et toutes leurs mai- « sons rasées jusque dans leurs fondements. »

La noblesse florentine, jusqu'en 1215, avait gouverné seule la république sans trouble, quoique ses membres n'eussent point la même opinion au sujet du pape et de l'empereur ; mais une querelle de famille « engagea « les Florentins dans des combats qui, après s'être renou- « velés *pendant trente-trois ans*... se terminèrent par « l'expulsion de tout un parti (tome 2, page 327).

« Un grand objet des prédications des moines... c'était « le rétablissement de la paix (en 1233)... Toutes les vil- « les étaient armées contre les villes les plus voisines ; « toutes les familles étaient divisées par les factions funes- « tes des Guelfes (partisans des papes) et des Gibelins « (partisans des empereurs d'Allemagne). Tous les or- « dres de citoyens combattaient entre eux pour s'arra- « cher mutuellement le pouvoir et les magistratures (to- « me 2, page 460).

« D'une part, la jalousie et la défiance mutuelle des « plébéiens et des nobles entretenaient le *désordre dans* « *le sein de chaque république;* d'autre part, la haine « entre les serviteurs de l'empire et ceux de l'Eglise *divi-* « *sait toute l'Italie en deux partis acharnés à se com-* « *battre* (tome 3, page 131 ; voir aussi les pages 142 et « 246).

« Les républiques, si multipliées d'abord dans toute « l'Italie, *ne s'étaient pas longtemps maintenues.* » Les seigneurs qui les gouvernèrent prirent les titres de marquis, duc, grand-duc, etc. « La démocratie, qui pré- « céda ces seigneuries, avait donné un caractère plus ab- « solu et plus despotique au gouvernement d'un seul; « car elle avait nivelé devant les princes tous les rangs « de la nation, et elle avait détruit tous les privilèges des « ordres qui auraient pu mettre obstacle au pouvoir ar- « bitraire (tome 5, page 4). »

Ainsi, dans ces républiques comme dans d'autres, la démocratie conduisit à l'anarchie, et celle-ci au pouvoir absolu d'un seul. (La démocratie précipita les républiques d'Athènes et de Carthage sous le joug de l'étranger). Et au même tome, page 397 : « Rome, pendant l'absence des « papes, était livrée à l'anarchie la plus désastreuse. » Colas de Rienzi gouverne pendant sept mois, comme tribun absolu ; il est renversé, et l'anarchie recommence.

Les habitants de Rome supplient Colas Rienzo ou Rienzi de reprendre le pouvoir ; mais, peu après, ils le massacrent (tome 6, pages 197 et 204).

M. de Sismondi cite les faits qui prouvent que Rienzo était lâche, cruel. Une extrême vanité dominait ce républicain, qui sollicita et obtint des lettres de noblesse. Il se fit armer chevalier. M. de Sismondi convient de tout cela, et en tire les mêmes conséquences que nous, ce qui ne l'empêche pas de dire au tome 8, page 14 : « Le parti « des peuples eut aussi deux périodes de gloire, l'admi- « nistration de Colas de Rienzo à Rome, et... » Cette administration ne dura pas, en deux fois, même un an. L'histoire de M. de Sismondi est pleine de ces contradictions ; appréciant les mêmes faits dans un sens, et ailleurs dans un sens tout opposé. On voit que cet écrivain était entraîné tour-à-tour par la vérité et par son opinion républicaine.

Du reste, mes amis, sans vous imposer la pénitence de lire les seize volumes qui composent son histoire, lisez seulement, à la fin de chaque volume, la table des matières, et vous serez convaincus que l'histoire de ces nombreuses républiques se réduit à ceci : guerres presque continuelles entre elles ; asservissements alternatifs aux papes ou aux empereurs d'Allemagne, et guerres civiles presque permanentes, avec toutes les atrocités qui caractérisent ces sortes de guerres.

M. de Sismondi avoue que, pendant cette période républicaine, la liberté civile n'existait point, mais si fait bien la liberté politique. Ainsi, détruire les moissons, raser jusque dans leurs fondements les maisons de ses adversaires ; piller, violer, massacrer, et, pour couronner l'édifice, appeler, amener l'étranger dans sa patrie, c'est de la liberté politique ! Pour rehausser ces républiques, M. de Sismondi leur fait honneur de monuments élevés avant ou après elles.

L'histoire de M. de Sismondi prouve, de la manière la plus évidente, que le peuple italien est bien plus heureux maintenant qu'il ne l'était avant d'en revenir au gouvernement monarchique. C'est même vrai, pour la partie de l'Italie qui est au pouvoir de l'empereur d'Autriche. Des trois fléaux qui accablaient cette portion de l'Italie lorsqu'elle était en république : 1° guerre entre voisins ; 2° guerre civile ; 3° sujétion à l'étranger, au moins elle n'en a qu'un, ce dernier.

Grâce à la mer qui l'entoure, la république de Venise fut moins souvent désolée par les guerres civiles et l'anarchie que les autres républiques italiennes, et elle échappa au joug de l'étranger. Mais voyons la forme de son gouvernement pour connaître si le peuple pouvait y être heureux.

Jusqu'en 1297, le peuple avait encore une espèce de participation à son gouvernement, à cause de la part qu'il prenait à l'élection des membres du grand conseil, qui était souverain ; mais le peuple était obligé de les choisir parmi les nobles ou les anoblis. Après cette époque de 1297, les nobles seuls furent électeurs ; et, à partir de

1319, il n'y eut plus d'élection. Le livre d'or, contenant pour chaque famille ses preuves de noblesse, fut créé, et chacun des membres de ces familles entra à vingt-cinq ans, par droit de naissance, au grand-conseil, composé d'eux seuls : il n'y eut plus d'anoblissement.

Quelques années après, à la suite d'une sanglante émeute, le grand conseil institua le conseil *des Dix* (ils étaient réellement dix-sept), en lui donnant un pouvoir tout-à-fait dictatorial. Il ne devait durer que deux mois ; mais il subsista jusqu'en 1798. Il aggravait chaque jour le joug qu'il avait imposé à la nation ; il entretenait d'innombrables espions. Les témoins, non-seulement n'étaient point confrontés avec l'accusé, mais ils ne lui étaient pas même nommés, et l'on retranchait de leur déposition tout ce qui pouvait les faire reconnaître. La condamnation, et le supplice, presque toujours atroce au dernier point, étaient ordinairement aussi secrets que l'instruction. Les accusés, sous prétexte de leur faire dire la vérité, étaient soumis à la plus affreuse torture (De Sismondi, t. 4. p. 346).

Des troupes mercenaires au service des nobles, et la poltronnerie des Vénitiens, ont fait que ce gouvernement, l'un des plus despotiques et des plus atroces dont l'histoire ait conservé le souvenir, a existé cinq siècles, jusqu'en 1798. A cette époque, Venise refusa de s'allier à nous ; elle se rangea du côté de nos ennemis. Le général en chef Bonaparte la prit, et, pour parvenir à conclure la paix continentale, à Campo-Formio, il livra Venise, qui avait fait assassiner nos soldats sur les grands chemins et dans les hôpitaux, à l'empereur d'Autriche, (alors d'Allemagne), au profit duquel elle commettait toutes ces atrocités. Les Français ennemis de leur patrie ont beaucoup crié contre le général Bonaparte, pour avoir détruit la plus ancienne des républiques établies depuis la naissance de J.-C., c'est-à-dire pour avoir détruit le repaire du gouvernement aristocratique le plus barbare qu'on puisse imaginer.

Nous nous sommes entretenus, trop longtemps peut-être, de l'ouvrage de M. de Sismondi : voici notre excuse. Le *Siècle*, qui ne cache point ses sympathies pour la démocratie pure, a cité, et citera vraisemblablement encore, des phrases déclamatoires de cet historien, sur la prospérité monumentale et agricole dont la démocratie a doté l'Italie républicaine, sur l'énergie, les grands caractères, les grands hommes dans tous les genres que cette démocratie a fait pousser du sol républicain. Si les Italiens, à cette époque, avaient eu réellement le courage, l'énergie, le grand caractère que M. de Sismondi leur prête dans ses phrases à effet, pendant leurs trois siècles de guerres civiles, ils se seraient tués jusqu'au dernier. Ils auraient réalisé le conte que l'on fait de deux lions ou de deux rats tellement acharnés l'un contre l'autre, qu'ils se mangèrent jusqu'à la queue.

M. de Sismondi cite lui-même des armées républicaines ayant assez de courage pour s'avancer l'une contre l'autre, mais, avant de combattre, s'enfuyant chacune de son côté. Lui-même convient aussi que les valeureux citoyens de ces républiques payaient des troupes mercenaires, des condottieri, pour se battre à leur place.

Quant à l'agriculture, pouvait-elle être florissante lorsque ces républiques, presque toujours en guerre entre elles, détruisaient en grande partie leurs moissons, ce qui occasionna d'horribles famines? C'est M. de Sismondi qui nous fait connaître ces actes de brigandage. et il dit au tome 12, pages 16 et 17 :

« Les cités, jalouses de leur souveraineté, *n'avaient* « *donné aucun droit de représentation aux campagnes ;* « en sorte que, lorsqu'elles étendaient leur territoire, elles « augmentaient le nombre de *leurs sujets*, non celui de « leurs citoyens. La liberté leur paraissait *un droit héré-* « *ditaire dans les familles*, plutôt qu'un droit inhérent à « la nature humaine; aussi admettaient-elles rarement des « familles nouvelles à partager les prérogatives des an- « ciennes, et à remplacer celles qui s'éteignaient naturel- « lement. La population de l'Etat s'accroissait, mais le « nombre des citoyens diminuait sans cesse; cependant « les citoyens seuls faisaient sa force. En tout (à la fin du « quinzième siècle), à peine seize ou dix-huit mille Italiens « jouissaient pleinement de tous les droits de citoyens, « sur une population de dix-huit millions d'âmes (au plus « un sur mille), cent quatre-vingt mille au quatorzième « siècle (un sur cent), et dix-huit cent mille au treizième « (un sur dix). »

Ces appréciations font voir que, même dans le temps où ces républiques étaient le plus républicaines, le suffrage universel était loin d'exister; et, cependant, c'est lui qui constitue réellement la démocratie. Le suffrage universel existe en France. Le gouvernement de toutes ces républiques était celui d'une aristocratie héréditaire ; seulement les bourgeois et corps de métiers d'abord, et plus tard la haute bourgeoisie, avaient dit aux nobles : Otez-vous de là que je m'y mette. Mais la noblesse combattait pour reprendre son ancien pouvoir : de là une des causes de ces guerres civiles continuelles.

Pour ce qui regarde les monuments remarquables, M. de Sismondi cite des ruines ; mais ces ruines, comme celles de Rome, étaient les restes de superbes édifices élevés du temps de la république ou de l'empire romain. Les seuls monuments bâtis par les républiques du moyen âge sont des citadelles construites par les nobles sur des montagnes ou bien dans l'intérieur des villes, pour se défendre contre leurs habitants.

Dans ce que je vous dis, mes amis, concernant ces citadelles, je ne fais que copier M. de Sismondi, par qui nous savons que les différentes factions, tour-à-tour vainqueurs et vaincues, rasaient jusque dans leurs fondements les propriétés de leurs adversaires. Le bon sens nous dit, et il ne nous trompe point, que ces barbares destructeurs, dignes d'être les compagnons d'Attila, n'auraient pas voulu, quand même ils l'auraient pu, élever de magnifiques monuments, et les princes qui remplacèrent les républiques, et qui furent les protecteurs des lettres et des arts, n'auraient point détruit ces monuments s'ils avaient existé.

Quant aux grands hommes, le parti des anarchistes n'en a point produit, car Rienzo ou Rienzi était bien loin d'en être un. Les hommes supérieurs qui ont joué un rôle en Italie pendant la période républicaine sont ceux,

Italiens ou étrangers, qui ont mis un terme à l'anarchie en détruisant les républiques, et en les remplaçant par des monarchies, comme l'ont fait les Médicis, etc.

Malheureusement, des historiens pensent que la fin justifie les moyens, et ils disent : Mentons toujours, il en restera quelque chose.

Maintenant, nous allons, mes amis, examiner rapidement les républiques modernes.

La première qui se présente est celle de Hollande. Elle ne fut jamais démocratique. Elle avait des nobles, ayant des privilèges que ne possédaient point les roturiers. En outre, pour mettre un terme à ses dissensions intérieures, ou pour avoir des chances de faire avantageusement la guerre extérieure, elle rétablissait la monarchie en faveur de l'aîné de la maison d'Orange, qui, au lieu du titre de roi que porte maintenant le chef de la Hollande, prenait celui de stathouder ; mais il avait un pouvoir presque absolu, qu'il a fini par rendre héréditaire. Ainsi le peuple, dans la république de Hollande ou des Pays-Bas, était plus heureux sous la monarchie que sous la république.

Il faut ici, mes amis, que nous fassions une observation. Une noblesse peut exister chez un peuple sans qu'elle ait des titres, témoin la noblesse des anciennes républiques ; et, réciproquement, des citoyens peuvent porter les titres de prince, duc, comte, marquis, etc., sans pour cela qu'ils soient nobles ; ce n'est alors qu'un nom de plus qu'ils ajoutent à celui de leur famille. Ce qui seulement constitue une noblesse, ce sont des privilèges, des droits, des honneurs réservés à une minorité ; mais là où l'égalité politique existe, les mots de noblesse, de duc, etc., n'ont aucune espèce de signification.

Le peuple français, après le 14 juillet 1789, détruisit promptement les privilèges des nobles, mais il leur laissa leurs titres. Ce ne fut que l'année suivante que Lafayette et les Lameth, alors ennemis, croyant par là se rendre très-populaires, firent, chacun de son côté, la motion, qui passa, d'abolir les titres. Le peuple ne prit aucune part à cette mesure, et la vit avec la plus grande indifférence. Tout prouve que le peuple, ne voulant pas pousser à bout les nobles, consentait à leur laisser ces hochets pour les consoler un peu des droits positifs qu'ils perdaient.

Les Bourbons, par les lois du droit d'aînesse, etc., voulaient recréer une noblesse.

La république helvétique est fédérale, forme de gouvernement impossible pour la France, dont l'unité, fortement constituée, peut seule la mettre à même de résister à de nouvelles coalitions. En outre, la Suisse ne jouit de son indépendance nationale que sous le bon plaisir de l'Europe, qui a bien voulu garantir sa neutralité.

Le général Brune, en 1798, avec une faible armée fit la conquête de la Suisse, désarma ses habitants, et lui imposa une constitution envoyée de Paris par le Directoire. Napoléon Ier organisa de nouveau la république Helvétique; il abolit le pouvoir des nobles, et la dota de l'égalité politique, ainsi qu'il le faisait dans tous les pays qui restaient sous notre influence. En 1814 et 1815, la Suisse n'essaya pas même de défendre sa neutralité contre nos ennemis, qui changèrent la forme de son gouvernement : ils rendirent à l'aristocratie son ancien pouvoir, qu'une révolution récente a de nouveau détruit. Depuis sa nouvelle constitution, la Suisse est loin de jouir d'une grande tranquillité. Dans deux de ses cantons fédéraux, la guerre civile a éclaté (la dernière fois le 2 septembre 1856), elle a cessé très-promptement ; mais, pendant le peu de temps qu'elle a duré, l'on a commis des deux côtés ces atrocités qui accompagnent les guerres civiles. A l'époque des élections surtout, il y a toujours des rixes souvent violentes entre les Suisses. Dans le canton de Genève, on appelle l'édifice où se font les élections : « *La boîte à giffles.* »

La république de Pologne, outre une noblesse possédant le sol et les emplois, a eu des chefs héréditaires, ou des rois nommés à vie ; mais ceux-ci, n'ayant qu'un pouvoir très-restreint, n'ont pas pu calmer les dissensions intérieures de la Pologne : aussi, comme Athènes et Carthage, elle est tombée sous le joug des étrangers ; elle n'est plus une nation.

En 1649, l'Angleterre proclama la république démocratique ; presque aussitôt elle fut en proie à la plus sanglante anarchie. Heureusement pour les Anglais, il y avait parmi eux un grand homme, Cromwell. La nation, en 1653, lui décerna, sous le nom de protecteur, un pouvoir absolu et héréditaire : il ne voulut point prendre le nom de roi. Il mourut trop tôt, en 1658, pour avoir pu affermir par lui-même sa dynastie : c'était l'ouvrage de son successeur, de son fils Richard ; mais il n'avait rien de ce qu'il fallait, pas même le désir de conserver le pouvoir, pour remplir cette pénible tâche ; aussi, sans chercher à se défendre, il se laissa mettre, en 1660, philosophiquement à la porte. Les Anglais essayèrent d'une restauration du droit divin ; mais une famille chassée par le peuple, et non par les étrangers, ne peut point, lorsqu'elle revient, sympathiser avec lui, et son retour rend indispensable une nouvelle révolution. C'est ce que firent les Anglais. Mais, comme ils ont beaucoup de bon sens, le premier essai qu'ils avaient fait du gouvernement républicain leur parut suffisant ; ils ne voulurent point en recommencer un second : ils continuèrent la monarchie, mais sous une autre famille.

Les républiques de l'Amérique du Sud, formées de colonies espagnoles, sont depuis près de cinquante ans, comme le furent les républiques italiennes du moyen-âge, dans un état presque continuel d'anarchie, produit par de fréquentes révolutions, presque toujours sanglantes. Une fois, c'est le président qui chasse la ou les chambres ; celles-ci, une autre fois, le renversent. Des généraux, ou même des bourgeois, se disputent à main armée le pouvoir : le sang coule, les propriétés sont ravagées.

Un grand homme seul peut avoir le bras assez fort pour arracher des mains de tous les partis les armes avec lesquelles ils se rendent réciproquement très-malheureux.

Dans aucune de ces républiques un homme supérieur n'a paru ; leur anarchie continue donc. Dernièrement, les journaux de l'Europe avaient beaucoup vanté la prospérité d'une de ces républiques, celle de Costa-Ricca, et la sagesse dont elle faisait preuve depuis un certain temps. Au moment où l'on disait cela, une révolution éclatait dans son sein, suivie bientôt après d'une autre révolution dans un sens tout contraire : celle-ci n'a pas réussi.

Du reste, l'exemple de cette république, qui n'a qu'une population de trois cent mille âmes répandue sur une grande étendue de terrain, n'aurait rien signifié pour de grandes nations dont les habitants sont resserrés dans un espace très-borné. Tant que les colonies espagnoles ont eu des rois, ceux de l'Espagne, elles n'ont pas éprouvé de semblables malheurs.

Le Brésil, colonie portugaise qui touche à plusieurs des colonies espagnoles, a eu, dès le premier moment, le bon sens de conserver la monarchie héréditaire ; aussi, quoiqu'il n'ait produit aucun homme supérieur, il n'a pas été désolé par l'anarchie et les guerres civiles.

Ainsi, dans l'Amérique du Sud comme dans l'Europe à toutes les époques, le peuple a toujours été bien plus heureux sous le gouvernement monarchique héréditaire que sous la république.

Disons un mot sur le Danemark, quoiqu'il ne fût pas réellement une république, puisqu'il avait des rois à vie ; mais ils avaient très-peu de pouvoir. Aussi le peuple, fortement opprimé par la noblesse, et tombant souvent dans l'anarchie, était-il très-malheureux. En 1660, il se soulève, rend la monarchie héréditaire, et lui donne un pouvoir tout-à-fait absolu. Depuis cette époque, il jouit d'un véritable bonheur. Mais en 1848, les Danois, comme presque tous les autres peuples, furent frappés par le choléra révolutionnaire : ils voulurent tâter du régime parlementaire, et, depuis lors, ils sont tourmentés par des dissensions intérieures, et même par une guerre civile très-meurtrière. En outre, ils sont menacés de perdre le plus clair de leurs revenus, le droit de péage sur les navires qui passent le Sund. Disputez-vous, battez-vous, et les étrangers chercheront à tirer profit de vos querelles.

Un empereur de Russie excessivement cruel fut renversé du trône, et chassé de son pays par ses sujets, qui abolirent la monarchie. L'anarchie accourut au galop. Le peuple se trouvant encore plus malheureux qu'auparavant, supplia l'empereur détrôné de vouloir bien reprendre son ancien pouvoir, ce qu'il fit après s'être fait un peu prier. Le peuple russe, en agissant ainsi, disait : « Nous le voyons bien, il vaut mieux satisfaire l'appétit d'un seul, quelque vorace qu'il soit, que l'appétit de plusieurs, quoique chacun d'eux se contente de moins d'aliments. »

Arrivons maintenant à ce que des personnes appellent la république modèle, à la république des États-Unis, qui est au nord de l'Amérique, et qui, dernièrement, a pris à la république du Mexique, sa voisine, plusieurs de ses provinces. Il faut, mes amis, que nous fassions pour les États-Unis ce que nous avons fait pour les autres nations : ne point nous laisser éblouir par des phrases, mais aller au fond des choses, et juger d'après les faits et non d'après d'éloquentes déclamations.

Si la démocratie pure, comme dit *le Siècle*, était un gouvernement qui pût exister sans donner naissance à l'anarchie et aux guerres civiles, c'est surtout aux États-Unis (après que la France leur eût fait obtenir l'indépendance nationale) que ce rêve aurait pu se réaliser. On l'essaya de **1783** à **1789**; mais là aussi, comme on voit après un orage sortir de terre de nuisibles animaux, se montrèrent des socialistes qui disaient :

« Les terres des États-Unis ont été sauvées des confis-
« cations de la Grande-Bretagne par les efforts de tous ;
« elles doivent être la propriété commune de tous. Qui-
« conque s'oppose à cette maxime est un ennemi de la
« justice, *et mérite d'être balayé de la face de la terre....*
« Il faut annuler toutes les dettes publiques et privées, *et*
« *établir des lois agraires*, ce qui se peut au moyen d'un
« papier sans gage et à cours forcé. » (Le général Knox à Washington : *Washington's Writings*, t. IX, p. 207.)

A la page suivante, par une lettre de Madison à Washington, on voit ce que ce vrai républicain, qui, plus tard, fut le chef du véritable peuple, du peuple travailleur, en voyant un grand nombre de socialistes armés pour faire triompher leurs idées démagogiques, ne conservait plus qu'un faible espoir que la société américaine pût être sauvée; elle le fut, parce qu'elle avait dans son sein un homme supérieur, Washington, qui fit faire à la constitution démocratique de son pays assez de changements pour qu'elle pût, pendant un certain temps, empêcher les guerres civiles et l'anarchie.

On prit à l'organisation politique de la mère-patrie, de l'Angleterre, dont le roi était aussi le roi des États-Unis jusqu'en 1783, tout ce qui était nécessaire à un peuple de mœurs austères, n'ayant jamais eu de noblesse, d'une faible population disséminée sur un vaste territoire, et n'ayant point de voisins pouvant menacer sérieusement son indépendance nationale. On créa une seconde chambre, le sénat, qui fait en partie l'office de la chambre des pairs, et l'on remit le pouvoir exécutif à un seul, qui, pouvant être indéfiniment réélu, et qui étant le chef suprême de l'armée de terre et de mer et des milices ou gardes nationales, représentait du pouvoir royal tout ce qu'il en fallait à un peuple placé dans les exceptionnelles circonstances où les États-Unis se trouvaient alors. Ainsi, dans ce pays où il semblait que la démocratie pure aurait dû avoir une longue existence, ses tendances à l'anarchie ont forcé de la supprimer au bout de six ans.

La vue intellectuelle des hommes supérieurs s'étend au-delà de leur siècle. Washington comprenait que, de même qu'il avait fallu si promptement, pour éviter les discordes civiles, changer l'organisation de 1783, de même, et par des causes semblables, il viendrait un temps où la constitution qui avait remplacé celle de 1783 deviendrait à son tour insuffisante pour assurer à ses futurs concitoyens la tranquillité, la sécurité, le calme de la vie privée, qui seuls peuvent rendre heureux les habitants d'un pays. Aussi, par sa manière d'agir comme président et dans l'espoir que ses successeurs l'imiteraient, il voulait familiariser peu à peu les citoyens des Etats-Unis avec l'idée d'un pouvoir plus grand, plus centralisé, moins précaire, et placé dans une région plus élevée que celle des autres citoyens, fussent-ils même membres d'une des deux chambres.

Washington, si simple dans sa vie privée, n'était plus le même lorsqu'il s'asseyait sur le siège présidentiel. Il s'entourait alors d'un certain appareil, d'une certaine pompe, enfin il représentait : il avait ses jours de réception. Sa femme, comme un diminutif de reine, faisait les honneurs de son salon, dans lequel il y avait un divan élevé de plusieurs marches, espèce de trône sur lequel son mari et elle avaient seuls le droit de s'asseoir.

Châteaubriand dit que la première fois qu'il le vit passer, il s'attendait à voir le président d'une république, à pied, la canne ou le parapluie à la main ; mais qu'il fut fort étonné lorsqu'il l'aperçut dans une superbe voiture, laquais devant, laquais derrière, et rapidement entraînée par quatre, je crois même six, mais au moins par quatre superbes chevaux. Washington savait que, pour imposer ce respect nécessaire au chef d'un Etat, il faut non-seulement parler à l'intelligence, mais aussi, de temps en temps, parler aux yeux.

Comme les rois constitutionnels, il ouvrait en personne les sessions législatives ; ses successeurs l'ont fait par un message.

Il a parcouru successivement les divers Etats formant la confédération américaine, et partout on lui faisait une réception vraiment royale.

Les temps prévus par Washington sont arrivés pour les Etats-Unis, composés dans l'origine de treize États confédérés, peuplés de deux à trois millions d'hommes presque tous de la religion protestante, et qui comptent maintenant trente-trois États dont la population s'élève à plus de vingt-deux millions, parmi lesquels beaucoup de catholiques.

Plus les divers Etats de l'Amérique du Nord, qui, tous, ont leur constitution particulière, se sont multipliés et éloignés du centre gouvernemental, plus le nombre de leurs habitants s'est accru, plus aussi, pour conserver la même proportion entre l'autorité réservée au pouvoir de chaque Etat, et celle que possède le gouvernement général de tous ces États, il aurait fallu que cette dernière eût été augmentée. Cela n'ayant pas eu lieu, ce gouvernement général est devenu relativement plus faible; aussi ne peut-il plus remplir les devoirs de tout bon gouvernement, c'est-à-dire assurer l'exécution des lois, empêcher la guerre civile de naître dans une partie quelconque du pays, ou la réprimer promptement si elle a paru ; enfin, protéger les biens, la vie de tous les habitants, dont l'existence ne peut être abrégée qu'en vertu de lois antérieures appliquées par le pouvoir judiciaire. Autrement les citoyens, forcés de veiller eux-mêmes à leur conservation, rentrent dans leurs droits naturels ; mais ces droits sont ceux des sauvages et de la barbarie qui précède l'état de civilisation.

Mes amis, usons toujours du même système ; rapportons-nous-en aux faits et non aux phrases déclamatoires ; je vais donc vous citer des faits authentiques, pour vous prouver que l'Amérique du Nord tourne le dos à la civilisation, et savance à grands pas vers cet état de barbarie dont je vous parlais, ce qui fait que presque tous les Américains ne sortent plus de chez eux qu'armés, et le plus souvent de pistolets à plusieurs coups.

La république du nord de l'Amérique est divisée en trente-trois Etats ; leur nombre tend sans cesse à augmenter. Chacun d'eux a ses lois particulières, qui, souvent, sont entièrement différentes de celles de l'État voisin, de sorte que les mêmes paroles, les mêmes actions qui seront innocentes dans l'un, deviendront dans celui qui le confine des délits, et même des crimes qu'un rassemblement punira de mort. Par exemple, vous êtes dans un de ces trente-trois Etats, l'esclavage n'y existe point. A table d'hôte, je suppose, entraîné par la conversation, vous dites que l'esclavage des nègres et des gens de couleur peut, dans de certains cas, être admis, être approuvé. Ces propos vous attireront, surtout dans un moment d'élection, des huées, même des coups; mais on n'ira pas plus loin. Le lendemain, vous faites une vingtaine de pas, et, sans vous en douter, vous vous trouvez dans un Etat à esclaves. La correction de la veille ne vous a point fait comprendre que, dans ce pays de liberté, il est très-sage de n'ouvrir la bouche que pour manger et boire, et non pour parler. Croyant éviter les désagréments de la veille, vous parlez cette fois-ci contre l'esclavage. Un des convives sort : bientôt après un rassemblement se forme à la porte de l'hôtel ; on vous saisit, et, sans information, sans interrogatoire, sans avocat pour vous défendre, sans même vouloir vous écouter, le rassemblement vous condamne à mort. On vous passe une corde autour du cou, on l'accroche au premier endroit propice, et l'on vous pend jusqu'à ce que mort s'ensuive, et cela, en vertu de la loi de Lynch.

Je n'ai pas retrouvé jusqu'ici les notes où j'avais consigné des faits analognes à ce que je viens de vous dire ; mais je peux vous assurer, mes amis, que plus d'un abolitioniste et le journaliste qui avait reproduit ses discours ont été pendus, et la maison où se trouvait l'imprimerie de ce journaliste rasée de fond en comble, le tout au nom de la loi de Lynch : on appelle abolitionistes ceux qui veulent abolir l'esclavage.

Du reste, les faits que je vais vous rapporter en citant mes autorités vous prouveront que, dans ce que je viens de vous dire, je n'ai pas calomnié la république des Etats-Unis.

Pour voyager avec sécurité dans ce pays-là, il faudrait apprendre par cœur et avoir toujours présentes à l'esprit : premièrement, la constitution fédérale de tous ces États, et, ensuite, la constitution particulière à chacun d'eux : ils sont, dans ce moment-ci, au nombre de trente-trois ; c'est donc trente-quatre constitutions à connaître à fond, et, encore, avec cette précaution, vous n'êtes pas sûr d'échapper à la mort ; car, dans un pays où, comme dans cette république et en Turquie, il suffit d'être accusé pour être tué, votre figure peut déplaire à quelques féroces farceurs, à quelques amateurs-assassins (nous verrons plus loin la signification de ces noms), pour que la plus absurde des accusations vous fasse appliquer la loi de Lynch.

Vous me demanderez, mes amis, ce que c'est que cette loi de Lynch, qui serait bien mieux nommée la loi de l'assassinat. Cette loi n'a été décrétée par aucun pouvoir régulier, elle n'existe donc point ; mais les républicains du nord de l'Amérique ont pensé que dans un pays de liberté comme le leur, ce qu'il y avait de mieux à faire, c'était d'imiter l'ancienne justice turque, où, lorsqu'un homme était accusé par un certain nombre de personnes, on le mettait à mort sans aucune espèce de jugement, et, encore, y a-t-il cette différence, toute en faveur de la

Turquie, que chez elle c'était le juge légal qui donnait l'ordre d'exécuter celui qu'on présumait être coupable. En France, un accusé est présumé innocent jusqu'au moment où un jugement rendu selon les formes protectrices établies par les lois l'a reconnu coupable.

Voici les citations que je vous ai promises.

Dans l'Etat d'Illinois, à Carlainville, un homme était au moment d'aller à la potence, mais sa peine est commuée en une prison perpétuelle par le gouverneur, qui, d'après la loi, en avait très-positivement le droit. Les républicains qui entouraient la potence, en apprenant qu'ils allaient être privés du plaisir qu'ils se promettaient, courent à la prison, en brisent les portes pour se saisir de cet homme, et le pendre en vertu de la loi de Lynch; mais, en pénétrant dans son cachot, ils furent cruellement désappointés : le condamné s'était tué lui-même. (Extrait des journaux américains. Le *Pays* du 21 juillet 1854.)

Le 12 et le 18 janvier 1855, dans deux des Etats de la république américaine, condamnation à mort en vertu de la loi de Lynch. (Le *Siècle* du 12 mars 1855.)

Dans l'Etat de la Californie, le 5 juin. « La loi martiale « a été proclamée à San-Francisco. Le comité de vigi« lance ayant fait pendre Casey et Ceru, pour le meurtre « de King, il en est résulté des émeutes sérieuses dans « lesquelles plusieurs meurtres ont été commis. » (Le *Siècle* du 12 juillet 1856.)

A Arkansas, comté de Washington, trois nègres sont mis en jugement comme ayant assassiné leur maître ; un est condamné à mort, les deux autres sont acquittés. A peine la sentence est rendue, que le fils de l'assassiné se fait suivre d'un assez grand nombre de ses amis ; ils forcent la prison, et pendent les deux nègres dont un jugement légal venait de proclamer l'innocence. (Le *Siècle* du 20 août 1856.)

Dans un village de l'Etat de Missouri, vingt écoliers et leur maître sont très-malades, mais aucun ne meurt. On décide qu'un nommé Ray a empoisonné la fontaine dont ils boivent l'eau, et qu'il a commis ce crime pour se venger des pères de ces enfants, qui, dans un procès civil, avaient dit qu'ils n'ajouteraient point foi aux déclarations de ce Ray, même faites sous serment. La seule présomption contre lui était que, quelques jours avant la maladie de ces écoliers, il avait retiré ses enfants de cette pension, en disant qu'il en avait besoin chez lui. Quinze des pères des enfants malades se rassemblent, et, en vertu de la loi de Lynch, condamnent Ray à mort. La corde, trop courte, oblige à recommencer deux fois pour parvenir à le pendre. Jusqu'au dernier moment, il affirme avec la plus grande énergie qu'il est innocent. (*Idem*).

Cette fois-ci, le magistrat chargé de la poursuite des crimes a trouvé que quinze personnes seulement ne formaient pas un rassemblement assez nombreux pour appliquer la loi de Lynch. Il a commencé des poursuites contre les quinze, mais sans les faire arrêter ; on ne sait rien encore de la décision prise contre eux, mais on peut assurer qu'ils ne seront pas poursuivis sérieusement, ou bien que, s'ils l'étaient, un rassemblement suffisamment nombreux, en pendant ce magistrat, lui prouverait qu'il ne fait pas bon de mettre le doigt entre la loi de Lynch et ceux qui l'exécutent, quelque petit que soit leur nombre : nous verrons.

Dans l'Illinois, un des Etats où l'esclavage n'existe point, une dame accuse un nègre dont elle donne le signalement de s'être introduit la nuit, par effraction, chez elle, et de l'avoir violée. Ce nègre, ou un qui lui ressemblait, est pris, livré à la justice régulière et emprisonné. La prison est forcée, et l'accusé livré à la femme violée et à ses parents : celle-ci, armée d'un sabre, mutile de la manière la plus cruelle le nègre attaché à un arbre. Le mari d'abord, et les frères ensuite, le martyrisent à leur tour, et finissent par jeter son corps dans un ravin où il reste sans sépulture. (Le *Siècle* du 17 septembre 1856.)

Dans le Visconsin, un des grands Etats de l'Amérique du Nord, à Sanneville, un homme est condamné à la prison perpétuelle pour un crime qui, d'après la loi, ne pouvait pas être puni de la peine de mort. Pendant qu'on le conduisait du tribunal à la prison, un rassemblement de trois cents personnes, qui trouve la peine trop douce, l'arrache au shériff et autres agents de l'autorité, et le pend, toujours en vertu de la loi de Lynch. (*Constitutionnel* du 1er août 1855.)

Dans l'Etat du Missouri, à Parkville, un journal ayant inséré des articles contre l'esclavage, un rassemblement *a pillé ses ateliers, jeté ses presses à l'eau, et a menacé d'en faire autant aux éditeurs du journal s'ils ne s'exilaient pas volontairement :* ils ont préféré se bannir plutôt que d'être noyés. (*Constitutionnel* du 12 juin 1855.)

Passons à d'autres faits qui n'ont plus de rapport avec la loi de Lynch.

Le 7 août 1854, au sujet des élections, une émeute a lieu à Saint-Louis, Etat de Missouri ; elle dure jusqu'au 10 : les milices sont sous les armes. *Il y a dix morts, vingt blessés, dont huit très-grièvement. Cinquante à soixante maisons, appartenant au parti vaincu, sont brûlées.*

Aux dernières élections, dans la Nouvelle-Orléans (Etats-Unis), les électeurs se livrent un combat avec d'autres armes que des bulletins électoraux : il y a des morts et des blessés. Des électeurs sont mis de force à la porte pour qu'ils ne votent point. (*Constitutionnel* du 3 juillet 1856.)

« Des élections ont eu lieu ces jours derniers dans « le..... et le Kentucky. Dans ce dernier Etat, le parti « américain paraît avoir remporté la victoire ; elle a été « malheureusement signalée par des désordres san- « glants. » (Le *Siècle* du 22 août 1855.)

Le 5 septembre 1854, à New-Jersey, deux mille protestants faisaient une procession : ils prétendent qu'ils sont insultés et attaqués par des catholiques. Le *Courrier des Etats-Unis* ajoute : « Les portes de l'église ont « été enfoncées, et l'édifice saccagé, les orgues brisées, « les bancs mis en pièces et l'autel pillé. Toutes les per- « sonnes de la procession avaient des pistolets dont elles « se sont servies. Deux Irlandais catholiques ont été tués, » et plusieurs blessés ont été relevés de part et d'au- « tre. »

« Nous lisions naguère le récit d'un supplice horrible « et infâme qu'ils (les Knownothing) ont fait subir, vers « le milieu du mois dernier, au R. P. J.-B. Bapst, qui

« n'était point Irlandais, mais Tyrolien. » (Le *Siècle* du « 30 novembre 1854.)

A Alexandrie, dans l'Etat du Mississipi, un enfant *de dix ans* est condamné, pour meurtre, à être pendu. Il n'avait aucune idée, aucune conscience du supplice qui l'attendait : il croyait être pendu comme il l'avait été plusieurs fois en jouant avec ses camarades au jeu du pendu. Il s'amusait avec des billes lorsqu'on vint le prendre pour le conduire à l'échafaud ; en l'apercevant, il comprit le sort qui lui était réservé : alors il cria, il fondit en larmes, mais les spectateurs ne pensèrent pas à la loi de Lynch pour l'arracher à la mort. (Le *Pays*, première quinzaine de novembre 1855.)

Le *Constitutionnel* du 3 décembre 1855 contient des extraits des journaux américains de la Nouvelle-Orléans, sur les scènes de carnage qui ont accompagné, là et à Louisville, les élections.

« Il vient d'être présenté à la législature de Tenessée « une loi *imposant une taxe de cinq piastres* (26 fr. 25 « c.) *à tout homme portant moustaches*, et une amende « de cinq piastres sur les célibataires au-dessus de trente « ans. » (Le *Siècle* du 14 décembre 1855.)

A la Nouvelle-Orléans, il vient d'être ordonné *de fer-* « *mer le dimanche les restaurants et les cafés*. (*Constitutionnel* du 17 janvier 1856.)

Du reste, dans tous les Etats-Unis, on est, comme en Angleterre, forcé d'observer, avec la plus grande rigueur, le repos du dimanche ; et cela, au nom de la liberté en général, et de la liberté des cultes en particulier.

Lorsque la partie *ultrà* du clergé espérait entraîner

notre gouvernement à violer ces deux libertés en défendant de travailler le dimanche, quelles phrases déclamatoires le *Siècle* n'a-t-il pas faites à ce sujet! Pourquoi, de sa part, deux poids et deux mesures? Et il faut que nous remarquions, mes amis, que le repos et les divertissements, comme le chant, la danse, sont proscrits dans ces deux pays, même dans l'intérieur des maisons. En Angleterre et aux Etats-Unis, des maîtres ont subi des punitions pour avoir exigé de leurs domestiques, qui les ont dénoncés, de cirer leurs chaussures le dimanche, etc.

A Cincinnati, deux jeunes gens, pour s'amuser, versent sur le corps d'un nègre qui dormait une lampe à huile de camphre, et y mettent le feu : le nègre est mort quinze jours après, dans les plus horribles souffrances. « Cependant aucune enquête de la justice n'a eu lieu : les jeunes gens qui se sont procuré ce petit divertissement ont payé douze cents dollars (6,300 fr.) à l'hôte pour l'indemniser de la perte de son esclave, et la vindicte publique a été satisfaite. » (Le *Siècle* du 27 janvier 1856.)

Dans la république Américaine, les nègres et les gens de couleur, même dans les Etats où il n'y a point d'esclaves, ne peuvent pas aller dans les églises et les temples des blancs. Ils font élever à leurs frais des monuments religieux, et leurs prêtres et leurs pasteurs sont comme eux des gens de couleur. (Le *Siècle* du 13 juin 1856.)

Dans les Etats où l'esclavage n'existe point, les nègres et les hommes de couleur sont électeurs; mais, s'ils s'avisent d'entrer dans un collège électoral, on les assomme.

Etats-Unis.—New-York, 7 octobre : « On ne s'occupe « actuellement que des nouvelles élections...Des meetings « ont eu lieu dans toutes les villes de l'Union, et mal« heureusement plusieurs d'entre eux ont été marqués « par de graves désordres. A Baltimore, les rues de la « ville ont été ensanglantées avant-hier... » (Le *Siècle* du 22 octobre 1856.) Et le même journal, dans son numéro du 25, dit que, quatre jours après, les rues de Baltimore ont été de nouveau ensanglantées, et que dans cette seconde rencontre il y a eu plus de morts et de blessés que dans la première.

La guerre civile existe dans l'Etat du Kansas. (Le *Siècle* du 25 juin 1856.)

Dans l'Etat du Kansas, les partisans de l'esclavage ont vaincu ceux qui n'en veulent point : ils ont eu vingt tués et des blessés. La ville d'Ossowatomie *a été brûlée et pillée. De même à Leaversworth*, dont les abolitionistes ont été chassés à la baïonnette, *et leurs propriétés détruites ou pillées*. (Le *Pays* du 24 septembre 1856.)

On écrit de New-York, le 28 mai : « La guerre civile « est inaugurée dans l'Etat du Kansas; *la ville de La*« *wrence* est détruite. A Kansas, on a saccagé l'hôtel *et* « *l'imprimerie* de la localité... Le sang a coulé sur plu« sieurs points du territoire..., etc. »

Le *Siècle*, dans son numéro du 24 septembre 1856, rapporte une conversation entre le président de la république des Etats-Unis et les délégués du comité national du Kansas, dont je vais vous lire quelques passages.

Le Président.—5° (ce cinquième considérant est le résumé des quatre autres). « La possession d'armes par les « émigrants entrant dans le territoire n'est pas *à priori* « la preuve d'une menace d'invasion, pas plus que la « possession d'armes par les colons dans le territoire « n'est la preuve d'une menace d'insurrection. Le droit « de porter des armes est un privilège constitutionnel « qui distingue les citoyens américains, et le gouvernement lui-même n'a pas le droit, en pareille circonstance, « de les désarmer.

« Le comité a répliqué :

« Monsieur le Président, durant les *dix-huit mois ou* « *plus* pendant lesquels le pouvoir exécutif s'est employé, « à ce qu'on prétend, à préserver la paix au Kansas, et « cela en vain, comme il semble d'après les faits admis « ici même, les désordres n'ont fait qu'empirer dans ce « territoire. En ce moment, ils sont plus menaçants que « jamais ; une solution pacifique des troubles qui y rè« gnent semble plus incertaine encore qu'à aucune « période de son histoire. Le président affirme qu'il a « épuisé tous ses pouvoirs constitutionnels, et pourtant « l'ordre n'est pas rétabli. En pareilles circonstances, ne « vaut-il pas la peine de rechercher si la source de ces « maux ne gît pas dans les lois territoriales elles-mê« mes ?

« *Le Président.* — C'est là une question que je n'ai « pas l'intention de discuter en ce moment.

« *Le comité.* — De quelque source donc, Monsieur, « que les difficultés du Kansas soient venues, une seule

« chose est évidente pour le pays et pour le monde : « c'est que, malgré tous les efforts du gouvernement, « des désordres du plus effrayant caractère ont prévalu ; « désordres qui feraient honte aux pires despotismes des « pires époques ; désordres si répandus et si horribles, si « sanglants, si infernaux, si profondément exécrables « et inhumains, que, pour y échapper, les malheureux « habitants gagneraient à être régis par les gouverne- « ments despotiques de Russie ou d'Autriche. Pendant ce « sombre règne de sang et de terreur, durant cette effro- « yable tempête de violence et d'anarchie, ces pauvres « victimes, sans défense contre une vengeance calculée, « n'ont violé aucune loi, commis aucun crime. Leur « haine de l'esclavage, conséquence de leur amour de la « liberté, leur a valu tout cela.

« Telle est, Monsieur, la nature et le caractère des « événements qui se sont produits au Kansas durant les « dix-huit mois passés sous la politique du gouvernement. « Comme représentants du comité national du Kansas, « nous sommes ici aujourd'hui pour demander si l'on « peut espérer quelque changement dans cette politique « de l'administration.

« *Le Président.* — Non, Messieurs, il n'y en aura au- « cun. »

Le rapport est signé du nom de trois délégués, MM. Thaddéus Hyatt, W.-F.-M. Arny, et Edward Paniels.

Ainsi, le président de la république-modèle convient lui-même que le gouvernement n'a point le pouvoir de mettre un terme à l'anarchie, à la guerre civile. C'est cette faiblesse du gouvernement fédéral, ou plutôt cette absence de tout gouvernement dans les choses les plus essentielles, l'ordre et la tranquillité publique, qui a été cause que dans l'Etat de la Californie, à San-Francisco, les gens de bien se sont réunis, ont annulé les pouvoirs de tous les agents du gouvernement, et ont institué un comité de vigilance qui a eu ses agents à lui. Ce comité, à la vérité en vertu de la loi de Lynch, a fait pendre des personnes, en a banni beaucoup d'autres, a fait même emprisonner un délégué que le gouvernement envoyait pour prendre des informations. Enfin, après un assez long temps de cette véritable anarchie, le comité de vigilance a rendu le pouvoir aux agents du gouvernement; mais sans se dissoudre, en conservant toujours son organisation, afin d'être à chaque instant prêt à se saisir de nouveau de l'autorité, si le gouvernement central ne pouvait pas mieux que par le passé garantir la vie et les propriétés des citoyens, ou bien s'il voulait faire poursuivre les membres du comité de vigilance et les personnes qui l'ont secondé et lui ont obéi.

C'est cette même faiblesse du pouvoir fédéral qui fait que les Américains ont pris la résolution de se protéger eux-mêmes; aussi, tous ceux qui n'ont point peur de manier une arme ne sortent plus de chez eux qu'armés jusqu'aux dents; de là des assassinats très-fréquents, qu'on décore du nom de duel au pistolet, quoique assez souvent plusieurs des prétendus combattants tirent sur un seul. Ces combats particuliers ont presque toujours lieu dans la rue, et souvent ce sont les passants inoffensifs qui sont atteints par les balles. De sorte qu'aux Etats-Unis, lorsqu'on voit sortir sa femme, ses enfants, etc., on craint qu'ils ne soient rapportés au logis morts ou blessés. Les journaux américains font souvent mention de ces duels et des suites cruelles qu'ils ont.

Je vais, mes amis, vous citer quelques faits pour vous prouver la nécessité pour les citoyens de la république américaine du Nord, d'être toujours prêts à défendre leur vie.

Le *Siècle* a publié plusieurs lettres de M. Oscar Comettant, intitulées : *Trois ans aux Etats-Unis*. Voici un passage de celle contenue dans le numéro de ce journal du 10 septembre 1856 :

« L'Amérique est le pays des anomalies par excellence.

« Ainsi les Américains ne sont assurément pas méchants en général, et, pourtant, il se commet en Amérique les crimes les plus inconcevables et les plus atroces, de sang-froid, sans haine, sans intérêt, uniquement pour l'horrible besoin de commettre des crimes et de faire du mal.

« Il y a, aux Etats-Unis, des hommes sans nom qui se feraient un véritable scrupule de voler un centime à qui que ce fût, et qui, *pour rire*, attaquent la nuit des hommes qu'ils ne connaissent pas, leur coupent les oreilles, leur crèvent les yeux et leur percent le cœur. Ce sont *des assassins amateurs*.

« Une fois, ces messieurs arrêtèrent un mulâtre à Brooklin.

« — Où allez-vous ainsi, vilain nègre ? lui dirent-ils.

« — Je ne suis pas un nègre, mais un respectable ministre de couleur qui se rend paisiblement chez lui, auprès de sa femme et de ses enfants.

« — Eh bien ! s'il en est ainsi, ta femme et tes enfants

auront de la peine à te reconnaître, car tu y arriveras sans nez.

« Et ils lui coupèrent le nez.

« Une autre fois, presque sous mes fenêtres, dans Prince-Street, à New-York, un médecin qui se rendait la nuit auprès d'un malade en danger de mort, fut arrêté par quelques-uns de ces *féroces farceurs.* Il pleuvait à torrents, et, sans égard pour le dévouement de ce médecin, dont la vie en ce moment était doublement précieuse, ils le terrassèrent à coups de poing, le saignèrent au bras pour se moquer de ses fonctions de médecin, et finirent par lui couper la jugulaire.

« La police, qui arrive trop souvent quand on n'a plus besoin d'elle, recueillit ce malheureux baigné dans son sang, mais muni de sa montre et de tout son argent, que les assassins avaient respectés, ne faisant de l'assassinat qu'un plaisir entièrement désintéressé. »

Le colonel Walker était accrédité par le gouvernement des Etats-Unis auprès de la faible république de Nicaragua; il organise, dans un des Etats de l'Union, une troupe d'aventuriers avec laquelle il s'empare du pays où il résidait comme ambassadeur. (*Le Pays* du 1er décembre 1855.)

La république américaine s'empresse de s'approprier cet acte si déloyal, si contraire au droit des gens, en recevant l'ambassadeur que Walker lui envoie et en repoussant celui qui vient au nom du pouvoir national.

Dans l'Etat d'Albany (New-York), la législature a voté une loi qui contient la prohibition la plus absolue, « de « vendre, donner ou garder, avec intention de vendre ou

« de donner, aucune liqueur enivrante ». Elle autorise « (art. 6) un droit de recherche et de saisie de tout liquide « prohibé, dans toute taverne, magasin, boutique d'épi- « ceries, pension bourgeoise, restaurant, salle de jeu, de « danse ou d'amusement public quelconque. Ce droit « ne s'arrête qu'au seuil des maisons servant exclusive- « ment à la demeure des citoyens. » Mais il suffit d'un magasin quelconque établi dans une maison pour que tous les autres locataires soient soumis à ce droit de recherche et de saisie. De plus, la loi prohibe « le trans- « port des liquides enivrants, en quelque quantité que ce « soit, d'un point à un autre dans l'intérieur de l'Etat. » La prohibition de transport n'est levée (art. 17) que pour moins de cinq gallons, « après avoir été légalement « achetés ». Seront vendeurs légaux, les individus spécialement autorisés à cet effet. « Pour obtenir cette autori- « sation, il faudra : 1° être électeur ; 2° n'avoir de rapport « direct ou indirect dans aucune espèce d'hôtel, restau- « rant, magasin d'épiceries, confiserie, lieu de divertisse- « ment public ni bateau quelconque ; 3° ne faire soi-même « usage d'aucun liquide enivrant ; 4° fournir les meilleu- « res garanties de moralité, plus une garantie matérielle « pour le paiement des amendes qui pourront être encou- « rues. » A ces conditions, et à celle de tenir un registre exact de ses opérations commerciales constamment ouvert au public, le vendeur privilégié pourra vendre les liquides réputés enivrants « pour des usages médicaux et « industriels, ou pour les besoins du culte... Le droit de « constater les contraventions, y compris le droit de re- « cherche, de saisie et d'arrestation, est conféré à n'im-

« porte quel magistrat ; le droit de les punir, à n'importe « quel juge de comté, de ville, de paix ou de police. » De plus, l'art. 12 porte... « Dans tous les cas possibles, « une saisie de liquide entraînera l'arrestation du déten- « teur..... les contrevenants seront punis par l'amende « *et l'emprisonnement*. Tout homme rencontré ivre sera « arrêté. Si, une fois revenu à la raison, il refuse de dé- « clarer où il s'est procuré le liquide à l'aide duquel il « s'est enivré, *il sera emprisonné jusqu'à ce qu'il se dé-* « *cide à parler*. Tout témoin assigné qui refuserait de « répondre aux questions qui lui seront posées *sera traité* « *de même*. » (Le *Pays* du 4 mai 1855.)

Que pensez-vous, mes amis, de la libéralité d'une pareille loi ?

La mise en exécution de cette loi de tempérance a été l'occasion, le 21 avril 1855, d'émeutes à Chicago, pour protester contre elle. La police ayant voulu empêcher cette protestation, une mêlée générale s'en est suivie... il y a eu de part et d'autre des tués et des blessés... Arrestation des principaux meneurs. (Le *Siècle* du 12 mai 1855.)

Dans cette république-modèle se trouvent des Etats qui ont conservé les lois anglaises, et où le droit d'aînesse les substitutions, etc., existent encore. Du reste, dans presque tous les Etats-Unis, les lois civiles de l'Angleterre sont encore en vigueur, et ces lois, en général, sont en faveur des riches, comme la liberté sous caution, dont le peuple ne peut point faire usage ; ou comme la loi qui condamne le coupable à payer une amende ou à rester en prison un certain temps, etc.

Je ne vous ai rien dit, mes amis, concernant la république socialiste, parce que cette forme de gouvernement n'a jamais existé, quoique dans les temps les plus anciens, comme maintenant, on en ait beaucoup parlé, ainsi que du droit au travail, etc. Tout ce qu'on vous a dernièrement débité là-dessus sont des vieilleries renouvelées des Grecs. Dans une de ses comédies, Aristophane, qui vivait il y a deux à trois mille ans, représente un homme de la campagne venant à Athènes. Un perruquier l'arrête et le rase. Un peu plus loin, un autre barbier le force d'entrer dans sa boutique, et, comme il n'y a plus de poil au menton, il entame la peau. Un peu plus loin encore, un troisième perruquier, malgré la résistance du paysan, l'entraîne chez lui, et là, *toujours en vertu du droit au travail*, il veut le raser, le campagnard s'y oppose, et, dans la lutte, le perruquier, sans le vouloir, lui coupe la tête.

Depuis la révolution de **1848**, plusieurs hommes de talent ont conduit dans l'Amérique des personnes partageant leurs opinions, pour y fonder des modèles de républiques démocratiques, socialistes, communistes, etc.; mais, quoiqu'elles fussent toutes très-peu nombreuses, la division s'est bientôt mise entre les membres de chacune de ces républiques, qui devaient former des espèces de pépinières, et elles ont cessé d'exister. Ainsi, à la fin de novembre **1855**, on lit dans le journal *la Suisse* : « Le « socialiste Burki mande du Texas que la colonie socia« liste est déjà dissoute. »

Demain, nous causerons sur la liberté de la tribune, de la presse, etc.

HUITIÈME ENTRETIEN.

Si dans un pays il n'y avait plus de maladies ni de malades imaginaires, les médecins n'auraient pas l'occasion d'acquérir une grande réputation par leur savoir, et de gagner beaucoup d'argent : sous ces deux rapports, des maladies leur sont donc nécessaires ; et peut-on croire que tous seraient assez désintéressés, assez humains, pour ne pas en faire naître s'ils le pouvaient? Appliquons cet exemple à ce qu'on appelle la liberté de la tribune et de la presse.

Pour que des orateurs puissent acquérir une grande renommée les conduisant au pouvoir et à afortune ; pour que des journalistes puissent gagner cent à deux cent mille francs par an, il faut, de toute nécessité, que dans leur pays règnent des maladies politiques leur permettant d'enflammer les esprits, et de causer cette animation, cette irritation qui fait que l'on s'arrache les journaux, et qu'on lit avec une fiévreuse avidité les discours prononcés à la tribune. Chez une nation jouissant de ce calme, de cette tranquillité, de cette sécurité qui permettent au travail, à l'industrie, au commerce de prendre un grand développement, ce qu'on appelle la liberté de la presse et de la tribune pourrait bien être écrite sur un morceau de papier, mais elle resterait sans aucune application. Pour que cette liberté prouve par ses actes qu'elle existe réellement, il faut que la nation renferme dans son sein plusieurs factions ennemies les unes des autres, mais unies pour attaquer le Gouvernement, le détruire, et par là engendrer l'anarchie, car ces factions, n'ayant point le même but, aussitôt qu'elles seraient victorieuses, se combattraient entre elles. C'est ce qu'on verrait maintenant en France, si l'on n'arrachait point des mains des trois factions ennemies de la volonté nationale les armes qu'elles tourneraient d'abord contre le Gouvernement, pour s'en frapper ensuite entre elles.

Occupons-nous maintenant du Gouvernement parlementaire.

Les républicains citent continuellement l'Angleterre comme un pays de liberté dont la France devrait suivre l'exemple. Certes, la plupart de ces républicains sont de bonne foi, mais c'est une preuve de plus que les passions politiques égarent le jugement : les faits vont le démontrer. En Angleterre, mes amis, le système féodal existe pour le moins tel qu'il était en France avant la révolution de 1789 : c'est tout dire. Ensuite, pour qu'en totalité ou en partie les institutions d'un pays puissent convenir à un autre, le bon sens nous dit qu'il faut que ces deux nations soient dans des circonstances tout à fait semblables, et qu'en outre elles aient le même caractère, les mêmes sentiments. Sous le rapport matériel, l'Angleterre est entourée par la mer. Ce rempart naturel lui permet d'avoir à elle seule une marine aussi forte que les marines réunies de toutes les autres nations, puisqu'elle n'a pas besoin de faire de grandes dépenses pour son armée de terre. Ce rempart naturel et sa marine font qu'il est presque impossible qu'on puisse l'attaquer chez elle, surtout depuis l'application de la vapeur à la marine militaire, qui est tout en sa faveur, quoiqu'elle fasse dire le contraire.

Si l'Angleterre était une puissance continentale, elle serait assez amie de la paix pour empêcher ses journaux d'insulter les nations étrangères et leurs souverains. Par la même raison, elle restreindrait la protection qu'elle accorde, sur son sol, aux factieux des autres pays, qui, sous son abri, peuvent impunément tout faire en temps de paix, pour porter l'anarchie dans leur patrie. La France, très-malheureusement, n'a point ses limites naturelles; ses frontières ne sont marquées que par des places-fortes, et, d'après le nouveau système de guerre, les places fortes n'arrêtent point les armées.

Ainsi, matériellement parlant, complète dissemblance entre la France et l'Angleterre : il en est de même sous le rapport moral.

Les évènements anciens, ainsi que ceux arrivés de nos jours, prouvent que les qualités, les défauts, les sentiments des peuples sont un fruit de leur terroir que le temps ne parvient à modifier que momentanément ; mais

« Chassez le naturel il revient au galop. »

Tels les Français et les Anglais étaient il y a des milliers d'années, tels ils sont encore aujourd'hui. Les états-généraux, d'où est sorti le gouvernement parlementaire ou constitutionnel, ont pris naissance presqu'en même temps chez les deux nations. En Angleterre, ils se sont toujours montrés nationaux, patriotes; la minorité et la majorité ne faisant qu'un contre les ennemis extérieurs. En France, le contraire a toujours existé. Dans tous nos états-généraux, en temps de guerre, jusqu'à ceux de 1789 exclusivement, la minorité a toujours fait la loi à la majorité, et l'a forcée d'agir de manière à favoriser les ennemis extérieurs.

En 1792, lorsque l'Europe entière marchait contre nous, les membres de l'Assemblée législative d'abord, ensuite ceux de la Convention, auraient dû donner aux Français l'exemple de ne former qu'un faisceau, afin de repousser l'ennemi et de conserver le premier des biens pour un peuple, l'indépendance nationale; mais point du tout: ils se divisèrent, formèrent des factions, se livrèrent à des luttes personnelles, dont le résultat fut de rehausser outre mesure l'atroce Robespierre, ce qui lui permit de s'emparer de la dictature. Le parlage cessa; l'orateur et l'écrivain, assez hardis pour faire de l'opposition, étaient promptement envoyés à l'échafaud.

En 1795, le gouvernement du parlage fut rétabli; aussitôt la minorité du conseil des Cinq-Cents et celle du conseil des Anciens se mirent à harceler, à contrarier le gouvernement, ce qui, sans la miraculeuse campagne d'Italie, nous aurait fait, dès cette époque, passer sous le joug de nos ennemis. Ces deux minorités gagnaient de jour en jour du terrain, et par conséquent gênaient de plus en plus le gouvernement dans la défense de la nationalité française. Enfin le Directoire fut forcé de faire le coup d'Etat du 18 fructidor, de déporter les membres les plus compromis des deux conseils, ainsi qu'un grand nombre de journalistes, et de faire procéder à la destruction leurs presses.

En 1814, ce fut la minorité du sénat et celle du co législatif qui jetèrent la France sous les pieds de ses nemis; il en fut de même en 1815. En un mot, le parl chez les Anglais a toujours, en temps de guerre, fort le patriotisme, tandis qu'en France il l'a toujours éner annulé.

Les Anglais ont un très-grand respect pour tout qui est ancien. C'est ce sentiment qu'ils éprouvent p la personne assise sur le trône, quoiqu'ils sachent bien que le pouvoir royal n'existe que de nom, qu'il le très-humble valet des ministres, qui ne sont eux-mê que les très-humbles valets des Chambres.

Les Français ne peuvent respecter que ce qu'ils e ment, et leur nature est telle, qu'ils n'estimeront jar un roi constitutionnel : à leurs yeux, il n'est, selon nergique expression de Napoléon Ier, qu'un cocho l'engrais, qui, semblable à un acteur, vient réciter, à l' verture des Chambres, un discours fait par les minist et auquel il ne lui est point permis de changer une gule. En France, lorsqu'un roi constitutionnel pronon les mots : « Je veux, j'ordonne, » on se disait à part Eh! mon ami, tu ne peux rien, ta volonté est nulle, ordres ne sont que ceux du ministre qui les con signe. On te donne la pâtée; bois, mange donc b engraisse-toi à étouffer, promène-toi dans de be voitures, etc., etc. Tu es à la vérité assis sur qu planches recouvertes d'un drap de velours, mais tu gouvernes point; tu n'es qu'un zéro à la gauche chiffre. Le caractère, l'organisation des Français ne leu permettra point d'avoir du respect pour un pareil manne quin.

Le Français aimera toujours à pouvoir dire : Ah! si l souverain le savait! En outre, que signifie en France l responsabilité des Ministres ? Nulle idée vraie ne peut s'a tacher à ce mot. Louis XVI, Louis XVIII, Charles X e Louis-Philippe avaient des Ministres responsables, ce qu n'a point empêché le premier d'être envoyé à l'échafauc et les trois autres en exil (en 1793, 1815, 1830 et 1848, Pour nous, mes amis, dont la raison n'est pas obscurci par la vanité, l'ambition ou la haine, nous comprenor très-bien, n'est-il pas vrai, que lorsque l'enjeu d'u joueur est la mort ou le bannissement, la justice exig qu'il tienne les cartes?

La liberté en Angleterre est celle qui découle du sy tème féodal, la nôtre provient des principes de 1789. Le aristocraties de naissance, de richesse, d'éducation, peuver préférer la liberté anglaise à la française, mais le peup pense tout différemment.

En Angleterre, la loi exécutée très-rigoureusement vou force à ne point travailler ni vous divertir le dimanche en France, la liberté sur ce point est entière. Quant à l liberté de la tribune et de la presse, voyons ce qu'il en e réellement.

En Angleterre, d'après la loi, les discours prononc dans les deux chambres ne peuvent pas être publiés pa les journaux; ainsi, sur ce point, la loi anglaise sur presse est la même que celle qui la régit en France. Se lement le parlement anglais laisse dormir la loi ; les jou naux en profitent; mais ce n'est qu'une tolérance, et à l'instant même, si les deux Chambres le voulaient, la presse ne pourrait point faire connaître au public ce qui se passe et se dit dans leur sein. On comprend que cette menace d'interdiction, toujours suspendue sur la tête des journalistes, les rend très-circonspects.

En Angleterre, il y a peine de mort contre celui qui, par parole ou par écrit, nie les droits de la dynastie actuelle à occuper le trône. Des journalistes qui violeraient cette loi seraient mis en accusation, et, comme les Anglais ont le courage civil et tiennent à l'exécution de leurs lois, les jurés chargés de prononcer sur le fait ne craindraient point de déclarer ces journalistes coupables, sans se préoccuper de la peine qui leur serait appliquée, laissant au gouvernement le soin de l'adoucir, si, selon les circonstances, elle était trouvée trop rigoureuse. Une peine si sévère tient nécessairement les journalistes dans une grande réserve.

Les Stuarts étaient pour l'Angleterre ce que les Bourbons sont pour la France, les rois légitimes, les rois du droit divin. Le dernier des Stuarts est mort il y a près de cinquante ans, à l'âge de quatre-vingt-deux ans, et dès sa première jeunesse il était prêtre ; ainsi, depuis plus de cent ans, la dynastie anglaise n'a plus réellement de compétiteur au trône.

On ne pourrait donc opposer à la famille régnante que la république; mais toutes les classes en Angleterre ont du bon sens et veulent être heureuses ; aussi, par la tradition ou par la lecture de l'histoire, les Anglais, sachant par l'expérience faite par leurs ancêtres il y a plus de deux cents ans, à quel point le gouvernement républicain fait le malheur d'un peuple, n'ont point envie d'en faire un second essai.

La France est-elle dans la même position? N'y a-t-il plus de Bourbons? L'enterrement de la république date-t-il de deux cents ans?

Continuons à voir le sort fait à la presse anglaise à des époques pas trop éloignées de nous. Un document parlementaire constate que, de 1808 à 1821, le gouvernement fit à la presse cent un procès, et fit condamner quatre-vingt-quatorze journalistes, dont douze à la déportation pour sept ans, et les autres à des emprisonnements plus ou moins longs.

Ainsi, en 1812, les deux frères Hunt furent condamnés chacun à une année de prison et à une amende qui, avec les frais, s'élevait à cinquante mille francs, et cela pour quelques allusions à la jeunesse et à la beauté du duc de Galles, alors régent pendant la maladie de son père, et qui depuis a régné sous le nom de Georges IV. Ce prince, qui avait cinquante ans et un embonpoint excessif, ne pouvait, sous aucun rapport, inspirer le respect. Mais les Anglais savaient qu'insulter le chef de l'Etat c'est insulter la nation elle-même, et ils ne voulurent point que celui qui était à leur tête fût tourné en ridicule par des journalistes. En 1820, Francis Burdett fut condamné à trois mois de prison et à cinquante mille francs d'amende, s'élevant, avec les frais, à quatre-vingt mille francs. De 1808 à 1811, quarante journalistes furent arrêtés sur simple mandat des magistrats de police, et retenus plus ou moins longtemps en prison, au secret.

sans plume, encre ni papier ; un jury spécial fut nommé pour les juger.

De 1821 à 1833, il y eut encore des emprisonnements de journalistes; mais à cette époque, voyant que le gouvernement était bien décidé à les poursuivre, les jurés à les déclarer coupables, et les juges à leur appliquer sévèrement la loi, les mauvais journalistes cessèrent de chercher à porter le trouble, le désordre dans leur patrie ; cependant, en 1848, notre révolution ayant fait perdre le bon sens à un certain nombre d'Anglais, les deux journalistes Martin et O'Dohert s'émancipèrent ; aussi furent-ils condamnés *à quatorze ans de déportation :* immédiatement on les déporta. Dans les derniers jours d'octobre 1854, le gouvernement les a graciés. (Le *Siècle* du 1er novembre 1854.)

Vous le voyez, mes amis, pour tout ce qui a rapport à leur patrie, les journalistes anglais sont tenus à une grande sagesse, à une grande modération ; s'ils s'oublient, des châtiments très-rigoureux les rappellent à l'ordre. Comme en Angleterre il n'y a point de factions voulant renverser le gouvernement, le jury y fait son devoir ; il ne le ferait pas toujours en France, où, nécessairement, il se trouverait composé, quoiqu'en minorité, d'assez de républicains, de légitimistes, d'orléanistes, toujours unis pour détruire, pour que souvent les journalistes fussent acquittés, quoique leur culpabilité fût évidente. La liberté de la presse anglaise, très-restreinte à l'intérieur, tombe dans la licence pour tout ce qui regarde les souverains et les peuples étrangers.

La presse belge suit en tous points les traces de la

presse anglaise : sage et modérée pour l'intérieur, mais se portant à une très-coupable licence pour ce qui regarde les nations et les souverains étrangers. Cette audace de la Belgique à souffrir que chez elle des journalistes prêchent même l'assassinat, lui vient de ce que sa neutralité est garantie par l'Europe; sans cette protection, ou la Belgique forcerait sa presse insultante et provoquante à tenir sa bouche hermétiquement fermée, ou, une partie des soldats français faisant mine de saisir leurs fusils aux râteliers, les Belges redeviendraient Français. Du reste, cette punition serait très-heureuse pour eux : elle froisserait d'abord leur amour-propre; mais bientôt ils reconnaîtraient les très-grands avantages qu'elle leur procurerait.

Dans tous les pays où le gouvernement parlementaire ou constitutionnel existe, presque toutes les années, et même assez souvent plusieurs fois par an, il y a des crises ministérielles qui inquiètent, alarment, ainsi que cela avait lieu en France avant le 2 décembre 1851. Le bon sens, qu'il faut toujours consulter, nous dit que lorsque des ministres (et, sous le régime parlementaire, les ministres c'est le gouvernement) ont continuellement à se défendre contre ceux qui veulent les jeter bas pour prendre leur place, il leur faut ménager la chèvre et le chou pour avoir la majorité dans les Chambres ; il faut qu'ils fassent la corruption en grand, et qu'ils perdent beaucoup de temps à repousser les attaques dirigées contre eux; par conséquent, il ne leur en reste plus que très-peu pour s'occuper des intérêts généraux : le bien public en souffre donc beaucoup.

La guerre de Crimée vient de nouveau de démontrer combien le gouvernement où le chef de l'État règne et gouverne, est supérieur à celui où le pouvoir est entre les mains du Parlement. En 1855, les diverses minorités du Parlement anglais se sont réunies, ont formé la majorité, et, par suite, ont renversé les ministres; mais, une fois la victoire remportée, ces diverses minorités n'ont point pu s'accorder sur le choix de leurs successeurs, et, après douze jours où l'Angleterre a été réellement sans gouvernement, tous les ministres chassés, à l'exception d'un, ont repris le pouvoir. Mais, avant cette crise parlementaire comme depuis, et comme cela a toujours lieu dans tous les gouvernements constitutionnels, le ministère n'est point homogène, c'est un ministère de coalition, c'est-à-dire que les ministres, d'accord sur quelques points ne le sont pas sur d'autres ; mais ils se disent réciproquement : Tu me passeras le séné, je te passerai la rhubarbe.

Quand on n'a pas assez de talent pour s'expliquer facilement et très-clairement, une comparaison sert à faire comprendre ce qu'on veut dire ; je vais donc, mes amis, en faire une. Supposons deux voitures égales en poids, ayant le même nombre de chevaux égaux en force. L'une, n'étant soumise qu'à une seule direction, va droit au but; l'autre, étant conduite par plusieurs cochers qui ne sont pas tout à fait d'accord sur le meilleur chemin à suivre, va tantôt selon la ligne directe, tantôt un peu à droite, ensuite un peu à gauche ; dans les zigzags que cela fait faire à la voiture, elle peut être culbutée dans un des fossés qui bordent la route ; mais, dans tous les cas, des deux voitures quelle est celle qui arrivera le plus sûrement et la première au but? évidemment, c'est la voiture n'ayant qu'un seul conducteur. Celle-ci est l'image du gouvernement dont le chef règne et gouverne; l'autre représente le gouvernement parlementaire, et pour tous les deux le but que, selon nous, ils doivent atteindre, c'est de faire, autant que la nature humaine le permet, le bonheur non d'une minorité, quelque nom qu'on lui donne, mais le bonheur de la majorité, des masses, enfin du peuple proprement dit.

Voici la raison, mes amis, qui fait que dans le gouvernement constitutionnel il ne peut y avoir qu'un ministère de coalition, hors le cas où il se trouve dans la nation un grand homme d'État : quel que soit le rang où la naissance l'ait placé, il saura se faire jour à travers les obstacles qui l'entourent, il prendra un grand ascendant sur le chef de l'État si celui-ci règne et gouverne, ou sur les Chambres si ce sont elles qui ont le pouvoir; il deviendra premier ministre et gouvernera réellement seul, les autres ministres ne seront que ses commis. C'est ainsi que le cardinal de Richelieu fut le maître sous Louis XIII qui le haïssait, et que Pitt Ier et son fils Pitt II gouvernèrent en maîtres sous le gouvernement parlementaire.

Les grands hommes sont comme le soleil que des nuages peuvent obscurcir, mais qui finit toujours par s'en dégager et par répandre des flots de lumière sur le monde entier. Colbert, fils d'un marchand drapier, prit un grand ascendant sur Louis XIV lui-même. A sa mort, cet ascendant passa au marquis de Louvois, grand ministre aussi.

Les grands hommes dans tous les genres sont très-rares : lorsqu'il ne s'en trouve point dans une nation, la nature en donne la monnaie par des hommes à talents; mais ils n'ont point ce feu sacré qui pénètre, échauffe, anime les esprits et les soumet à la volonté des hommes supérieurs. Alors dans les Chambres s'élève un certain nombre d'hommes à talents; chacun d'eux rallie sous son drapeau une minorité avec laquelle le gouvernement est forcé de compter ; il forme donc, pour avoir dans les Chambres une majorité telle quelle, un ministère de coalition composé des chefs des minorités, pas trop opposées dans leurs vues, et la charrette gouvernementale ne s'arrête point, elle marche, mais comme un homme ivre qui, en battant les murailles, finit cependant par rentrer chez lui, quoique parfois il ait fait des chutes qui ont déchiré ses habits et l'ont blessé.

Ensuite, mes amis, pour juger du gouvernement parlementaire en France, il faut tenir compte des circonstances dans lesquelles sa restauration a eu lieu, et des hommes qui l'ont opérée. Des documents authentiques prouvent que Louis XVIII persévérait dans ce qu'il avait annoncé par une proclamation faite peu de temps avant les évènements de 1814, et où il disait qu'il reprendrait le pouvoir comme s'il avait succédé à son frère en 1788, et qu'il n'accepterait pas un gouvernement parlementaire. (Voir les Mémoires de Lafayette, etc., etc.) Ce furent nos ennemis d'alors qui lui imposèrent ce gouvernement. Croit-on que c'est par tendresse pour la France, pour la rendre heureuse, forte, puissante, que ces vaincus de vingt-trois ans en agissaient ainsi, eux qui dans le moment même montraient une vigoureuse haine contre nous ?

Les étrangers, beaucoup mieux que nous-mêmes, connaissent notre caractère, nos défauts ; ils voulurent en profiter. Nos ennemis d'alors savaient que, en nous imposant le gouvernement parlementaire, ils jetaient au milieu de nous une machine infernale qui, en faisant explosion, lancerait sur la France la division, les émeutes, les révolutions. Se sont-ils trompés dans leur calcul ? N'est-ce point ce qui a tourmenté notre patrie de 1814 à 1830, et de 1830 à 1848 ?

Pour préserver une nation de tomber dans le gouffre dévorant de l'anarchie, il lui faut des garde-fous ; le peuple, lui, le sent très-bien ; aussi il aime que celui qui tient les rênes ait le bras très-vigoureux, comme Napoléon Ier et Napoléon III, ou comme Richelieu sous le faible Louis XIII.

Pour les Anglais, c'est leur très-puissante et très-riche aristocratie qui fait l'office de garde-fous ; ils aiment cette forme de gouvernement, ils y tiennent, surtout parce qu'elle est très-ancienne. C'est tout le contraire en France, où l'on est passionné pour l'égalité politique, pour l'admission de tous à tous les emplois sans distinction de naissance ou de fortune : aussi pour conserver, sans anarchie, le suffrage universel, qui est la démocratie poussée jusqu'à ses dernières limites, les Français ont créé l'Empire en lui donnant un très-grand pouvoir, sans lequel il ne pourrait point remplir ses fonctions de garde fou national, sans lequel nous tomberions dans l'anarchie, comme aux époques où le pouvoir monarchique était très-faible... Si les Anglais veulent un jour changer leurs anciennes et vivaces institutions pour arriver à l'égalité politique, il leur faudra, sous peine d'être frappés à coups redoublés par l'anarchie, comme ils le furent en 1649, augmenter le pouvoir royal de tout ce qu'ils diminueront du pouvoir aristocratique, et, lorsqu'enfin ils arriveront à la démocratie française, il faudra que leur roi, comme notre Empereur, règne et gouverne.

Mes amis, parlons maintenant de la liberté en général, et de l'idée vraie qu'on doit attribuer à ce mot. La liberté de faire tout ce qui vous plaît, de ne rien faire contre son gré, en un mot de suivre en tout sa volonté, ne peut exister que pour une personne habitant, comme Robinson Crusoé, une île déserte où il ne se trouve aucun animal carnassier qui, en croquant mon individu, pourrait mettre un terme à sa liberté sans limites ; mais nous vivons en société, c'est donc de la liberté compatible avec elle que nous devons nous occuper.

Un jeune homme se marie : s'il veut continuer à mener la vie de garçon, le trouble, le désordre, la ruine entreront bien vite dans le ménage. Pour jouir des avantages que cette association doit leur procurer, il faut donc que chacun des deux époux renonce à une partie de sa liberté individuelle, qui sera encore plus restreinte s'ils vivent avec leurs parents ; et, plus ceux-ci seront nombreux, moins chacun d'eux pourra prendre sa volonté pour unique but de sa conduite. Une nation est une agglomération de famille, et, par conséquent, ce qui est vrai pour chacune des parties l'est aussi pour le tout.

Cette liberté qui convient à une grande nation, comment peut-on la définir? Notre Assemblée nationale de 1789 l'a essayé dans l'article 4 de sa Déclaration des droits de l'homme et du citoyen, elle dit : « La liberté consiste « à pouvoir faire tout ce qui ne nuit pas à autrui. » Les constitutions de 1793, de l'an III, reproduisent le sens de cette définition, qui, au premier abord, paraît juste, et qui est cependant très-fausse; en voici la preuve. Une personne ouvre, n'importe dans quel genre, un magasin qui n'existait point avant : comme en même temps il ne sortira pas de dessous terre des individus pour lui former une clientèle, ceux à qui il vendra auraient acheté chez des marchands établis avant lui ; il leur nuit donc.

Les marchands qui vendent dans les rues nuisent aux marchands en boutique, etc., etc. C'est en interprétant la liberté comme l'a définie plus tard l'Assemblée nationale de 1789, que les corporations s'étaient formées : avec cette liberté-là, la concurrence ne peut point exister.

L'impossibilité de donner une définition exacte de la liberté est une preuve qu'elle n'a point une existence réelle, que c'est une chose idéale qui gît dans l'imagination de chaque individu. L'un trouvera que ce qui existe dans son pays n'est pas de la liberté, mais de la licence ; un autre, au contraire, que c'est du despotisme.

M. Viennet disait à la tribune : « La légalité nous tue » au même moment où M. Ledru-Rollin prétendait que le gouvernement tuait la légalité.

Le 11 juillet 1848, l'abbé de Lamennais, dans le dernier numéro de son journal *le Constituant*, dit qu'il cesse de le faire paraître parce que la République n'existe plus, etc.; que Cavaignac l'a détruite, etc. Ce général et ses amis convenaient-ils d'avoir anéanti la République, et par conséquent la liberté? Ne disaient-ils pas tout le contraire ?

L'exemple de l'abbé de Lamennais prouve que, quelque près de la licence qu'on place les limites où l'on voudrait renfermer la liberté, il se trouvera toujours des hommes à très-grands talents pour crier à tue-tête que la liberté n'existe pas; et malheureusement, dans une nation, il y a toujours des hommes aux ardentes passions, aux convoitises insatiables, qui, sous ce prétexte, chercheront à faire des émeutes conduisant à des révolutions.

Le bon sens fait comprendre que la liberté individuelle, que la liberté de la presse et de la tribune doivent varier selon les circonstances où se trouve une nation; plus grande en temps de paix intérieure et extérieure, plus restreinte lorsqu'il existe plusieurs factions voulant renverser le gouvernement, surtout si cette guerre sourde, couverte comme le feu sous la cendre, mais toujours prête à éclater, existe en même temps qu'une guerre extérieure. Les républicains ne peuvent point nier ce que j'avance là, car ils se rappellent les lois de la première République; leurs chefs, sans nul doute, ont lu Montesquieu, et ils doivent se souvenir aussi qu'il dit : que dans une nation voisine (en désignant l'Angleterre) c'est un crime puni de mort que de boire à la santé d'une certaine personne. Cette certaine personne était le prince Édouard, héritier, en vertu du droit divin, du trône d'Angleterre. Boire à sa santé était, selon les jurés et les juges, nier les droits de la dynastie élue à gouverner leur pays, ce qui était un crime que la loi punissait de mort. Cette loi existe toujours, mais les Anglais n'ont plus l'occasion de l'appliquer, parce qu'il n'existe point parmi eux, comme malheureusement en France, trois factions ennemies de la souveraineté du peuple, les factions légitimiste, orléaniste, républicaine, voulant profiter de toutes les occasions, de tous les prétextes pour renverser la famille placée sur le trône par la volonté nationale.

NEUVIÈME ENTRETIEN.

Mes amis, nous allons nous entretenir aujourd'hui de la première et de la seconde république française ; et, d'abord, il faut que nous remarquions qu'en 1792, pas plus qu'en 1848, cette forme de gouvernement n'a été soumise à la sanction du peuple, tandis que le coup d'Etat du 18 brumaire et celui du 2 décembre 1851, ainsi que la création de l'Empire en 1804 et en 1852, furent présentés à l'acceptation du souverain, du peuple, qui, par le suffrage universel, fit connaître qu'il approuvait le 18 brumaire et le 2 décembre, et qu'il voulait l'abolition de la république et la monarchie héréditaire, avec la dynastie impériale.

Manuel, membre de la Convention, proposa à cette assemblée de soumettre à la sanction du peuple l'abolition de la royauté et la création de la république ; mais elle repoussa cette proposition.

En 1848, une députation demanda à Lamartine que le gouvernement provisoire proclamât la république ; Lamartine lui répondit que ce qu'elle demandait là était l'usurpation des droits de trente-cinq millions d'hommes ;

ce qui était évident. Mais deux jours après, cette usurpation eut lieu : Lamartine et ses collègues proclamèrent seuls la république.

Mes amis, tout homme de bonne foi qui voudra faire usage de sa raison, de son jugement, comprendra comme nous quelle énorme différence il y a, aux yeux de la légalité, entre les deux républiques proclamées seulement par quelques hommes, et les deux empires proclamés à une immense majorité par la nation entière.

Mes amis, les républicains vous disent maintenant qu'ils conviennent qu'en 1793 il y a eu des crimes commis qui ont fait un certain nombre de malheureux, mais que de ce mal momentané est sorti un très-grand bien, qui se perpétue de génération en génération. Ce bien, disent-ils, est l'organisation actuelle de la société française. Les faits leur donnent le plus éclatant démenti. Cette organisation, toutes ces améliorations, tous ces droits pour le peuple, qu'on appelle les principes de 1789, furent conquis à cette époque sur le régime féodal, et non point en 1793, qui, loin de leur donner naissance, les détruisit au contraire.

Pour s'en convaincre, on n'a qu'à voir les décrets de la Convention du 10 mars, du 9 août, des 5 et 21 septembre, des 16 et 29 octobre, des 1er et 10 novembre, du 7 décembre 1793, des 11 et 24 mars, du 27 mai, du 10 juin 1794. Ces décrets, mis immédiatement à exécution, prouvent que toutes les garanties d'impartialité données aux accusés par les principes de 1789 furent abolies en 1793, ainsi que toute espèce de liberté, même privée, et de sécurité dans les relations de famille. La liberté de conscience, cette grande conquête de 1789, fut complètement anéantie en 1793.

L'intolérance religieuse avait forcé, au seizième siècle, les protestants de se soulever et de commencer la guerre civile ; ce fut la même cause au dix-huitième siècle, qui, pour défendre leur foi religieuse, mit les armes aux mains des Vendéens. Les membres de la Convention envoyés par elle dans les pays insurgés pour bien apprécier les causes de ces soulèvements, proclamèrent hautement que ces causes n'étaient point du tout politiques, mais religieuses, et qu'elles disparaîtraient promptement si on laissait aux Vendéens une entière liberté de pratiquer leur religion comme leur conscience l'entendait. Mais ce n'était point ce que voulaient Robespierre et ses acolytes. Ces hommes, qui avaient tant déclamé contre l'intolérance des prêtres, se montrèrent aussi intolérants qu'eux lorsqu'ils eurent le pouvoir. Ils se disaient philosophes; mais il est de faux philosophes ainsi que de faux dévots. Ceux qui voudraient rendre la philosophie responsable des atrocités de 1793, sont aussi injustes que ceux qui attribuent à la religion du Dieu de paix tous les crimes commis en son nom.

La vraie philosophie, ainsi que la véritable religion, prêche l'amour du prochain, le pardon des injures; de ne point faire aux autres ce qu'on ne voudrait pas qu'on nous fît, et ni l'une ni l'autre ne prêchent point des maximes portant à commettre les plus horribles atrocités. Si les deux grands apôtres de la véritable philosophie, Voltaire et Rousseau, qui, par leurs écrits, firent pénétrer en France, dans le cœur de tous les gens de bien, les principes qui furent proclamés en 1789, avaient vécu en 1793, les faux philosophes les eussent promptement envoyés à l'échafaud, comme ils y envoyèrent Malesherbes et plusieurs autres, qui avaient aidé Voltaire et Rousseau à propager leurs principes libéraux, humains, bienfaisants et tolérants.

Il en est de certains hommes comme de certains animaux : ils ont l'instinct de la cruauté. Robespierre et ses acolytes eussent, en Espagne, été inquisiteurs, et en France, au seizième siècle, les plus ardents et les plus cruels catholiques. Ces hommes-là se couvrent toujours du masque qui leur permet le mieux de répandre du sang, tout en affichant les sentiments les plus humains dans d'hypocrites discours, qui, malheureusement, font pendant un certain temps beaucoup de dupes. Mais revenons aux Vendéens.

Le peuple, dans ces contrées comme dans toute la France, avait accepté avec enthousiasme les principes de 1789, surtout celui qui proclamait l'égalité politique. Ce qui prouve que ce principe était entré bien avant dans le cœur des Vendéens, c'est que le généralissime de leurs armées fut Cathelineau, non-seulement roturier, mais encore appartenant à ce qu'on appelait alors la plus basse classe du peuple : il était roturier, et cependant il avait sous ses ordres les hommes de la plus haute noblesse, comme le prince de Talmont de la famille de la Trémouille. Le garde-chasse Stofflet commandait une de ces armées. Des nobles furent aussi généraux, parce que, parmi les Vendéens, les emplois étaient donnés au mérite bien reconnu, sans distinction de naissance. En un mot, ce furent les nobles qui vinrent se placer dans les rangs du peuple e adoptant ses principes, et non point le peuple qui se plaç dans les rangs des nobles. Les hommes qu'on violenta dans leur foi religieuse ouvrirent leurs rangs aux roya listes pour combattre leur ennemi commun, la Répu blique.

Si les républicains, pour excuser les crimes comm par la Convention, se bornaient à dire que, dans les fata les circonstances où la France se trouvait, les moyen atroces qu'elle employa étaient indispensables pour pré server notre patrie d'éprouver le plus horrible des mal heurs, celui de tomber, comme la Pologne, sous le jou de l'étranger, de perdre son indépendance nationale, q pour un peuple est la vie même; s'ils disaient que pou la conserver on doit se considérer comme des mari formant l'équipage d'un navire se trouvant en pleine m sans vivres, et qui tirent au sort celui d'entre eux qu'c égorgera pour servir à conserver la vie aux autres; s dis-je, les chefs des républicains se bornaient à présent cette excuse, on pourrait la discuter avec eux, mais seul ment jusqu'au moment où les armées ennemies fure chassées de France, jusqu'au moment où Danton, Ca mille Desmoulins, etc., profitant de cette heureuse s tuation, parlèrent de clémence et de revenir prudemme à un régime en rapport avec les principes de 1789, c qui aurait évité la réaction royaliste appelée impropre ment thermidorienne, et qui, à son tour, fit couler de flots de sang. Ce qui peut faire juger de l'avenir prépar à la France par les chefs républicains s'ils venaient triompher, c'est qu'ils répètent continuellement contre Da ton, Camille Desmoulins, etc., les calomnies qui servi rent de prétexte à Robespierre pour les envoyer à l'écha faud (le 5 avril 1794), tandis que le héros, le demi-die de ces chefs est l'hypocrite Robespierre, au cœur impi toyable, qui, ayant du sang jusqu'à la lèvre inférieure voulait en boire encore, ce qui causa sa mort.

Le 26 octobre 1795, la Convention tient sa dernièr séance, et le 28 la Constitution de l'an III, qui crée l Directoire exécutif composé de cinq membres et le Con seil des anciens et des Cinq-Cents, commence à fonction ner.

Le 4 septembre 1797, la majorité du Directoire, com posée de Barras, de Rewbell, de La Réveillère-Lepaux font le coup d'État dit du 18 fructidor. Les deux autre directeurs, Carnot et Barthélemy, ainsi que cinquante trois représentants, et les propriétaires, imprimeurs, au teurs de quarante-deux journaux, sont déportés sans ju gement, et les presses de ces journaux sont brisées. E même temps les élections de *quarante-huit département sont cassées.*

La majorité du Directoire avait fait le coup d'État d fructidor contre les royalistes : elle en fait un nouvea le 4 mai 1798; mais cette fois-ci c'est contre les démocra tes. Le Directoire annule les élections de beaucoup d départements, et pour les autres, les hommes nommé par la minorité des électeurs sont admis, et ceux qu avaient eu la majorité sont repoussés : c'est là ce qui eu lieu à Paris. Le Directoire ouvrit les portes du Corps Lé gislatif aux candidats qui avaient eu 228 voix, et les ferm à ceux qui avaient obtenu 600 suffrages.

Le 18 juin 1799, c'est-à-dire moins de cinq mois avant le Consulat, nouveau coup d'État qui fut une revanche des coups d'État du 4 mai 1798 et du 18 fructidor. La minorité du Directoire et les Conseils des Anciens et des Cinq Cents chassèrent trois membres du pouvoir exécutif, et les remplacèrent par trois hommes totalement dépourvus de capacité, d'énergie, de célébrité, tels qu'il les fallait pour opérer la contre-révolution. Ce furent les royalistes, aidés par les démocrates, qui firent ce coup d'État; aussi ils eurent bien soin de conserver Barras au pouvoir, parce qu'ils savaient que ce ci-devant comte, vendu à Louis XVIII, jouerait le même rôle que Fouché en 1815, qui, membre du Gouvernement chargé de repousser les ennemis et les Bourbons, était déjà le ministre de la police de Louis XVIII. En outre, les royalistes comprenaient que plus un peuple est corrompu, sous le rapport de la probité et des mœurs, moins il peut résister à l'envahissement des ennemis. C'était une raison de plus pour qu'ils maintinssent à la tête du Gouvernement Barras, dont l'impudente immoralité, sous tous les rapports, avait par son exemple, ses encouragements et ses choix, répandu la plus effrénée vénalité sur tous les fonctionnaires, et la corruption des mœurs la plus effrontée sur toute la France. On a dit que les contemporains ne pouvaient pas écrire l'histoire; il est cependant une foule de choses qu'il faut avoir vues pour juger une époque. Ainsi, sous le Directoire, l'on vendait publiquement les livres les plus libertins, en ayant soin de montrer, comme appât, une des gravures très-obscènes dont ils étaient *illustrés* : on les louait aussi. Des hommes, et des filles plus ou moins publiques, avaient choisi des endroits abrités par quelques arbres où ils se donnaient rendez-vous, de sorte que, en se détournant un peu du chemin tracé, l'on pouvait être témoin de la dépravation la plus corruptrice pour des jeunes gens. J'ai vu cela, de mes propres yeux vu, et la police n'y mettait aucun obstacle. Il semble que l'on voulait corrompre la jeunesse au sortir de l'enfance, afin qu'énervée, elle ne pût point résister aux ennemis et sauver l'indépendance nationale. En un mot, sous le Directoire que dominait Barras, les mœurs de la cour sous le duc d'Orléans, régent, s'étaient répandues sur toute la France : des documents a uthentiques en fournissent la preuve. Voilà, sous le rapport de la moralité, la position faite par la république à la France. Examinons maintenant sa situation politique.

Le coup d'État du 18 juin 1799, dit du 30 prairial, comme je viens de vous le dire, avait été fait par l'alliance des royalistes et des démocrates : ceux-ci ne voyaient pas, ou ne voulaient point voir, qu'ils jouaient le rôle du cheval voulant se venger du cerf. Ils avaient fait entrer au Directoire trois hommes de leur parti ; mais, par compensation, le royaliste Barras y avait été maintenu. Barras, beaucoup plus fin, énergique et adroit que les trois directeurs démocrates, leur faisait, en dernier résultat, faire ce qu'il voulait. Il leur laissa prendre des mesures qui devaient mécontenter beaucoup de personnes qui n'étaient point royalistes : ainsi, le 6 juillet, un club de jacobins est ouvert ; il fut fermé le 30 août suivant, après qu'il eut servi d'épouvantail aux républicains modérés, qui voulaient conserver l'indépendance nationale et les principes de 1789, mais qui repoussaient avec horreur un nouveau 1793. La loi des ôtages, renouvelée de cette funeste époque, fut votée le 12 juillet. En même temps, des espèces de passeports, nommés cartes de sûreté, étaient nécessaires aux habitants de Paris et des autres grandes villes, pour pouvoir y circuler sans crainte d'être arrêtés comme suspects. Si on ne les avait point sur soi, on risquait d'être traité comme les voyageurs n'ayant point de passeport.

Les royalistes, sûrs de l'appui du membre le plus influent du Directoire, de Barras, qu'on représentait comme faisant, en brandissant son grand sabre, faire à tous ses collègues, depuis la sortie de Rewbell du Directoire, tout ce qu'il voulait, les royalistes, dis-je, recommencèrent la guerre civile sur une plus grande échelle, et qui, se combinant avec les défaites de nos armées, leur donnait de grandes chances de succès. Non-seulement les Chouans de la Bretagne, la Vendée, le Midi renaissent de leurs cendres mal éteintes; mais des provinces, comme le Languedoc, jusque-là préservées de la guerre civile, voient dans leur sein les royalistes en armes; le sang français coule de toute part dans l'intérieur; les compagnies royalistes du Soleil, de Jésus et les Chauffeurs recommencent à assassiner les patriotes qui avaient montré de l'énergie pour défendre l'indépendance nationale. Ces assassinats politiques s'étendent même jusqu'aux portes de Paris.

Le gouvernement avait décrété un emprunt *forcé* de cent millions sur les riches; mais l'argent qui, très-difficilement, en provenait, n'entrait pas dans les coffres de l'État; il servait à payer les scandaleuses dépenses des fournisseurs, des courtisans, des amis et amies du directeur Barras. Par la manière très-défectueuse dont les finances étaient administrées, et par la corruption de la plupart des fonctionnaires, les impôts, quoique très-grands, ne produisaient que peu de chose à l'État, tellement que deux jours après le 18 brumaire ; lorsque le Consulat succéda au Directoire, le Trésor public ne possédait que cent soixante-sept mille francs (167,000 fr.) (*Mémoires de M. Gaudin, duc de Gaëte*, page 14, édition de 1826). Pour faire la guerre, il faut de toute nécessité de l'argent, et beaucoup ; le Directoire en manquait complètement, et, n'inspirant ni confiance ni crainte, il n'avait aucun moyen de s'en procurer. Aussi, nos armées étaient dans le plus grand dénuement, ce qui portait beaucoup de militaires à déserter ; et cependant, malgré la victoire de Zurich, les ennemis étaient sur nos frontières, secondés dans l'intérieur par les royalistes armés. Voilà la position faite à la France par la république. Les journaux du temps, les mémoires, tous les documents enfin prouvent, mes amis, la vérité de ce que je vous dis là.

Je défie qu'on cite une semaine, une seule semaine où il y ait eu pour tous les Français, aussi bien gouvernants que gouvernés, de 1792 à 1799, tranquillité, sécurité, bonheur enfin. La guerre civile, plus ou moins vive, a continuellement existé. Des personnes m'ont répondu à cela que c'est parce que nous étions en révolution. Sans le vouloir, elles ont mis le doigt sur la plaie : avec la république démocratique, l'histoire de toutes les républiques le prouve, on est toujours en révolution, de sorte qu'on peut intituler l'histoire de toutes les républiques : *Révo lutions successives et continuelles par lesquelles est passé la république une telle pour arriver à la monarchie !*

Le bon sens et l'expérience démontrent, de la manièr la plus positive, qu'un peuple en révolution ne peut pa être heureux.

La république, pendant les premières années de so existence, put entretenir de nombreuses armées, au moye de la vente des biens nationaux, des confiscations, de réquisitions, suivies de la mort de ceux qui voulaient s' soustraire. On sait qu'à cette époque le gouvernemen battait monnaie sur la place de la Révolution. Mais ce biens nationaux, ce régime de la terreur ne pouvaient pa durer toujours. Dès son installation, le Directoire éprouv une gêne pécuniaire très-grande, tellement que l'armé commandée par Moreau ne put point passer le Rhin au début de la campagne d'Italie, ainsi qu'on l'avait pro mis à Napoléon, et cela faute d'argent pour pouvoir four nir à Moreau un équipage de pont. Ce fut Bonaparte qu lui envoya les fonds nécessaires pour qu'il pût s'en pro curer un. Le retard qu'éprouva ce passage du Rhin aurait, sans le génie de Napoléon, très-fortement compromis l'armée d'Italie.

L'espoir d'une paix continentale prochaine que donnaient les miraculeuses victoires de l'armée d'Italie (espoi réalisé à Campo-Formio), en faisant renaître l'industrie le commerce, le crédit, et, de plus, les nombreux million envoyés par Napoléon au gouvernement, procurèrent à l république ce nerf indispensable de la guerre, l'argent nécessaire pour la continuer. Mais au 18 brumaire la confiance étant totalement perdue, les moyens de terreur ne réussissant point et la dilapidation des finances augmentant sans cesse, le Trésor de la France républicaine se trouvait presque entièrement vide (167,000 fr.). Napoléon, aussi grand organisateur que grand capitaine, dès l'instant où il fut nommé premier Consul, ou plutôt seul Consul, puisque les deux autres n'avaient que voix consultative, fit disparaître promptement, et comme par enchantement, tous les maux dont la république avait accablé la France pendant sept ans.

Passons à la seconde république. A sa naissance, elle ne trouve aucune espèce d'opposition, soit à l'extérieur, soit à l'intérieur. La grande majorité des Français, non point par amour pour cette forme de gouvernement qui lui répugnait au contraire par le souvenir de la première république, mais par raison, disait : Il faut en essayer une seconde fois. Les chefs républicains, qui, sans doute, ont médité avec fruit l'histoire de la première république, sauront en éviter les fautes et nous préserver de ses excès. C'est alors que le peuple dit ces mots sublimes : « Nous « avons trois mois de misère au service de la république. » Ce qui voulait bien dire qu'il fallait qu'au bout de ces trois mois le gouvernement eût pris les mesures nécessaires pour faire renaître l'industrie, le commerce, afin que par son travail le peuple pût gagner son pain quotidien. La république, au bout de quatre mois, répondit à ses demandes de travail par la guerre civile et les affreuses journées de juin.

Les républicains déclament contre la réaction, mais c'est le besoin de vivre qui a fait cette réaction. Les républicains qui s'étaient emparés des places à appointements, et les hommes riches ou aisés qui s'étaient faits républicains par ambition, pouvaient attendre patiemment la réalisation des promesses de la république ; mais le peuple, privé de tout travail, ne le pouvait plus.

Les républicains, qui avaient tant déclamé contre l'énormité des impôts, les augmentent aussitôt qu'ils sont au pouvoir. Ils créent l'impôt dit des quarante-cinq centimes. Ils savaient que malheureusement, en France, on est presque toujours la dupe des mots; aussi avaient-ils donné à cet impôt le nom presque inoffensif de quarante-cinq centimes, au lieu de quarante-cinq pour cent, qu'il aurait dû avoir. A cette époque, et même dernièrement, j'ai vu des gens qui croyaient que c'était neuf sous à payer par personne, tandis que, pour celui qui payait cent francs d'impôt, l'impôt supplémentaire était de quarante-cinq francs, c'est-à-dire près de la moitié en sus. En outre, la république augmente d'un pour cent l'impôt sur les créances hypothécaires, sur toutes, quelque soit le titre qui les a créées. La première république avait fait une banqueroute complète ; elle fit perdre à ses créanciers les deux tiers de ce qu'elle leur devait, et leur donna le reste en rentes sur l'Etat, ce qui créa le fonds appelé d'abord le tiers consolidé, et plus tard le cinq pour cent. Ce fonds, avant le 18 brumaire, ne valait plus que 11 fr. 30 c., c'est-à-dire que, pour 11 fr. 30 c., on pouvait acheter un titre de cinq francs de rente ; à la vérité, la république ne payait pas plus la rente que le capital. Le lendemain du 18 brumaire, le tiers consolidé monta à 22 francs, et fut toujours en augmentant.

La république de 1848 fit aussi sa banqueroute au petit pied. Elle suspendit d'abord le remboursement des caisses d'épargne, et ensuite dénatura le titre des déposants, en leur donnant, au lieu d'argent, des rentes sur l'Etat, et en fixant elle-même à quel taux ses créanciers seraient obligés de prendre ces rentes. Je n'ai point besoin de vous dire, mes amis, que ce taux était très-inférieur à celui qui existait avant l'avènement de la république.

Dans les premiers jours qui suivirent le 24 février, les chefs des républicains donnèrent aux bons du Trésor le nom de bons royaux. Par cette appellation toute royale et non nationale, ils voulaient, par l'oreille, insinuer dans l'esprit du peuple que ces bons étaient une dette personnelle à Louis-Philippe et non à l'Etat, et que, par conséquent, l'Etat ne devait pas les payer; mais, lorsque le gouvernement provisoire vit, par le relevé fait sur les registres du Trésor, le nombre prodigieux d'hommes du peuple qui possédaient une partie de ces bons, qu'il croyait d'abord n'être qu'entre les mains des riches, il n'osa point consommer la banqueroute préméditée; mais il fit pour les bons du Trésor comme pour les caisses d'épargne, il ne remboursa point ceux qui étaient échus, et pour tous, au lieu d'argent, il donna des rentes sur l'Etat au taux qu'il voulut.

J'ai été tous les jours, pendant le temps qu'a duré la conversion des titres, me mêler aux groupes, et là j'ai entendu de mes propres oreilles sortir de toutes les bouches les plus grandes imprécations contre les républicains, qui, au lieu de ce bonheur qu'ils promettaient au peuple, lui donnaient la guerre civile et la banqueroute, car là l'on appelait les choses par leur véritable nom.

Des rassemblements continuels et menaçants, surtout aux portes Saint-Denis et Saint-Martin ; des journaux où les maximes les plus anti-sociales étaient prêchées, ainsi que dans des clubs où, malgré la défense, on se rendait armé, et d'où, à chaque instant, pouvait sortir la guerre civile ; voilà ce qui, en alarmant l'industrie et le commerce, ôtait le travail et le pain quotidien aux hommes du peuple ; voilà ce qui n'a commencé à cesser que lorsque le peuple eut, le 10 décembre 1848, rétabli le consulat, et ce qui n'a cessé tout à fait qu'au rétablissement de l'Empire.

Ces faits viennent de se passer sous nos yeux il n'y a que quelques années, et cependant bien peu de personnes s'en souviennent. Qui se rappelle maintenant l'anxiété, les angoisses qu'on éprouvait, avant le 2 décembre 1851, en pensant à la date fatale de mai 1852, où tous les pouvoirs allaient prendre fin, laissant ainsi le champ tout à fait libre à l'anarchie, se déguisant sous plusieurs masques, entre autres sous celui du socialisme ! C'est ce défaut de mémoire politique qui a fait si souvent le malheur d la France.

DIXIÈME ENTRETIEN.

D'après tous les faits qui ont passé successivement sous nos yeux, nous nous sommes assuré par nous-mêmes :

1° Qu'il n'y a jamais eu de démocratie pure, de république réellement, entièrement démocratique, ayant eu une certaine durée exempte de discordes civiles et d'anarchie. Je peux vous certifier, mes amis, que j'ai dit cela à des républicains très-instruits, en les priant de me citer une république qui démentît mes assertions; c'était avant le 2 décembre. Ils convenaient que pour le passé j'avais raison, mais que tout allait en se perfectionnant; que le peuple, surtout en France, avait beaucoup acquis en raison, en bon sens, etc. C'est vrai, répondais-je, et c'est pour cela que la république, appelée généralement par le peuple la *ruine publique*, sera promptement enterrée. Du reste, s'il y avait eu une république démocratique tranquille, sage, faisant le bonheur du peuple, le *Siècle* l'aurait citée, et non point celles d'Athènes et de Carthage, dont l'histoire prouve, comme nous l'avons vu, tout le contraire de ce que prétendent les rédacteurs de ce journal.

2° Que le gouvernement aristocratique rend, lui aussi, le peuple très-malheureux.

3° Que le gouvernement sous lequel le peuple, dans tous les temps et dans tous les pays, a été le plus heureux, est le gouvernement monarchique héréditaire.

4° Que partout où la monarchie a été abolie, les nobles et les riches ont cruellement opprimé le peuple, qui, pour se soustraire à leur tyrannie, a été obligé de revenir au gouvernement monarchique, ainsi qu'il a toujours été forcé de le faire pour mettre un terme aux malheurs dont l'accablait la république démocratique.

Faisons maintenant comme Newton. Nous avons bien constaté que les mêmes circonstances, dans tous les temps, dans tous les pays, produisaient les mêmes résultats, que les faits étaient toujours les mêmes. L'expérience est un très-grand argument en faveur de la cause que l'on soutient, mais ce n'est point assez pour nous, il faut que nous fassions comme Newton, que nous trouvions les causes qui font que ces faits se sont constamment reproduits, d'où l'on peut conclure qu'ils arriveront toujours de la même manière, parce que ces causes tiennent à la nature, à l'organisation de l'homme, qui, l'histoire le prouve, a toujours les mêmes défauts, les mêmes qualités, les mêmes instincts, les mêmes passions. Pour qu'il en fût autrement, il faudrait que Dieu, à la place des hommes, mît sur la terre des anges ; mais alors il n'y aurait point besoin de gouvernement.

Pourquoi le gouvernement démocratique a-t-il eu toujours une si courte durée, tandis que le gouvernement monarchique se prolonge indéfiniment ? Mes amis, tous, tant que nous sommes ici, nous avons vu des mâts de cocagne, nous savons qu'ils sont graissés de manière à les rendre très-glissants, de sorte que cette difficulté qui offre des dangers éloigne presque tout le monde; le nombre fort restreint des concurrents ne peut se composer que des gens qui ont reçu de la nature une aptitude exceptionnelle pour ces espèces d'ascensions.

De plus, pour rendre la comparaison plus exacte, supposons qu'au haut de ce mât de cocagne est une plate-forme sur laquelle se tient, très à son aise, un homme armé qui sera précipité en bas s'il laisse quelqu'un venir prendre sa place. On sent qu'il lui sera très-facile d'éviter ce malheur, soit en faisant descendre avec rapidité ce quelqu'un en lui donnant un coup de pied sur la tête, ou en lui coupant la main s'il était parvenu à saisir la plate-forme. Ceux qui, intérieurement, auraient le désir de tenter cette escalade, seraient découragés par toutes ces difficultés, et bien rarement il se trouverait quelqu'un assez audacieux pour essayer d'une aventure très-périlleuse et qui offrirait si peu de chance de succès. Pendant que l'homme à la plate-forme la posséderait tranquillement, les spectateurs n'éprouveraient aucun mal; ils causeraient, plaisanteraient, s'amuseraient des autres spectacles qu'on leur présenterait; en un mot, ils seraient heureux.

Supposons maintenant un second mât de cocagne, ayant comme l'autre une somme énorme à son sommet. L'homme chargé de défendre cette somme est obligé de se tenir en équilibre au haut de ce mât qui n'a point de plate-forme; par conséquent, il ne peut point se servir de ses pieds, de ses mains, et la plus légère secousse le jettera en bas. En outre, ce second mât, non-seulement n'est point graissé pour en rendre la montée difficile, mais, au contraire, elle est rendue très-facile par des espèces d'escaliers qui sont tout le long du mât.

Les nombreux millions qui seront à celui qui le premier parviendra au sommet et pourra s'y maintenir, attireront un très-grand nombre de concurrents, et d'autant plus grand, que le mât par lui-même n'offre pas de difficultés sérieuses. Aussi, mes amis, vous voyez cette foule innombrable qui se précipite vers le mât, et qui entraîne avec elle ceux venus là sans avoir le projet de concourir, mais seulement pour jouir du spectacle. On se pousse, on se heurte, on se blesse, on se tue. Le premier parvenu au sommet, au moment où il veut saisir les billets de banque, est précipité en bas par le concurrent qui le suit; celui-ci l'est à son tour par un troisième, etc.; de sorte que c'est une suite de culbutes qui seraient fort divertissantes si la mort ne se promenait pas sur la tête des concurrents et des spectateurs entraînés de force près du mât, et si elle n'en saisissait pas un certain nombre, même parmi les plus obscurs et les plus inoffensifs. Elle ne choisit pas, elle prend, car il lui faut un certain nombre de victimes; aussi, quelque grande que soit la distance à laquelle, prudemment, on se tient du mât, on n'est point sûr d'échapper à la mort. Dans les secousses en tous sens que reçoit le mât, il est déplanté et écrase dans sa chute, d'abord celui qui était au sommet, ensuite bon nombre de concurrents, et même d'imprudents curieux attirés par l'amusement qu'on leur promettait. Le premier mât de cocagne représente la monarchie, le second la république.

Pour vous prouver, mes amis, la justesse de ma comparaison, je ne prendrai point mes exemples dans les républiques anciennes ou modernes, mais seulement dans nos républiques de 1792 et de 1848.

En 1792, les constitutionnels étaient au haut du mât de cocagne non graissé : ils avaient le pouvoir. Les Girondins veulent les remplacer, et, sans prévoir et même sans vouloir le résultat qu'auront leurs violents discours, ils amènent le 10 août ; les voilà à leur tour au haut du mât. Mais les Montagnards qui grimpaient derrière eux les culbutent le 2 juin 1793, et les envoient à l'échafaud le 31 octobre suivant.

Les Montagnards vainqueurs se divisent en plusieurs factions dont chacune d'elles voudrait seule posséder le mât de cocagne. La faction d'Hébert, rédacteur du *Père Duchêne*, est, le 23 mars 1794, envoyée à l'échafaud par les autres factions. Le 5 avril suivant, c'est le tour des Dantonistes, et le 28 juillet (9 thermidor) celui de Robespierre et de ses acolytes. La faction des thermidoriens qui a renversé Robespierre est, le 1er avril, le 20 et le 28 mai 1795, attaquée par d'autres jacobins ; mais elle est vainqueur, et elle envoie à Cayenne ou à l'échafaud un certain nombre de ses ennemis.

Nous avons vu, sous le Directoire, les coups d'État se succéder, la déportation remplacer l'échafaud, et combien le peuple fut malheureux de 1792 à 1799. Je vous le répète, mes amis, pour le graver dans votre mémoire. Le relevé en a été fait : sur trois victimes de la République, il y avait deux hommes du peuple. Le chiffonnier, jaloux d'un autre chiffonnier qui trouvait sous ses pas des tas d'ordures mieux fournis que ceux qu'il rencontrait lui-même, allait le dénoncer comme faisant du royalisme avec son crochet et sa hotte, et le chiffonnier aux heureuses trouvailles était mis à mort.

Sous la seconde république, le 17 mars, le 5 et le 15 avril ont lieu des manifestations faites par une partie des hommes de février 1848 contre ceux d'entre eux qui sont au pouvoir ; mais ces manifestations, mal combinées, arrivent à peine à un semblant d'émeute.

Le 15 mai suivant, *onze jours seulement* après que l'Assemblée constituante *nommée par le suffrage universel* a ouvert ses séances, des chefs républicains, pour renverser ceux qui sont au pouvoir, font une nouvelle manifestation, à l'aide de ces hommes qui ne peuvent pêcher qu'en eau trouble : sous le prétexte de délivrer la Pologne, ils attaquent l'Assemblée constituante, l'envahissent, et en prononcent la dissolution. Heureusement que les enfants composant la garde mobile, vrais enfants du véritable peuple, se joignent à des gardes nationaux et délivrent l'Assemblée constituante.

Ces mêmes enfants de la garde mobile montrent dans les journées de juin qu'un courage héroïque accompagne chez eux le bon sens; ils secondent efficacement les efforts de la ligne et de la garde nationale, et empêchent une seconde fois l'anarchie de naître. Que la capitale et la France reconnaissantes gardent l'honorable souvenir des services patriotiques rendus par les enfants du peuple composant la garde mobile !

Le 13 juin 1849, seulement quelques jours après l'installation de l'Assemblée législative, la faction républicaine dont M. Ledru-Rollin était le chef veut renverser cette Assemblée et le Gouvernement élus par le suffrage universel. Cette faction est vaincue, son chef se sauve, plusieurs de ses adhérents sont condamnés par les tribunaux compétents.

Le Gouvernement provisoire, dont M. Ledru-Rollin faisait partie, se vante d'avoir décrété le suffrage universel. C'est Napoléon Ier qui, le premier, l'inaugura pour le Consulat et l'Empire. Les républicains l'avaient rétabli, mais sous la condition expresse qu'il serait à leurs ordres, qu'il n'élirait que les candidats choisis par eux. Les circulaires de M. Ledru-Rollin et de quelques autres membres du Gouvernement, faites en mars et avril, en fournissent la preuve. Si les républicains avaient réellement voulu le suffrage universel, ils n'auraient point cherché à employer la force pour renverser l'Assemblée constituante, le Gouvernement et l'Assemblée législative, à l'instant même où le suffrage universel venait de leur donner l'existence.

Ce que les républicains ont voulu faire le 15 mai 1848 et le 15 juin 1849 dit assez que, s'ils parvenaient de nouveau au pouvoir, ils détruiraient sur-le-champ le suffrage universel, parce qu'ils savent très-bien que le suffrage universel répondrait toujours : « L'honneur national et « l'ordre avant tout, et par conséquent l'héritier de Na- « poléon Ier au pouvoir. »

Les républicains se vantent aussi d'avoir, en février 1848, aboli la peine de mort pour les crimes politiques : c'était une adroite précaution de leur part. Mais la peine de mort qu'ils ont abolie est celle prononcée par la loi qui donne aux accusés les plus grandes garanties d'impartialité; mais ils avaient conservé de la première république la mise hors la loi, qui ne s'appliquait précisément qu'aux causes politiques. Mettre quelqu'un hors la loi, c'est, s'il est pris, aussitôt que son identité est reconnue, le tuer sans autre forme de procès. Les républicains qui voulaient, le 15 mai, le 24 juin 1848 et le 13 juin 1849 détruire ce qui existait, mettaient hors la loi ceux qui leur résisteraient. Voilà comment les républicains abolissaient la peine de mort en matière politique. Mes amis, nous et les autres Français, tâchons donc de n'être pas toujours la dupe des apparences et des belles paroles prononcées par les tartuffes de toutes sortes.

Mes amis, dans cette recherche que nous faisons ensemble du gouvernement qui a rendu, et qui peut le mieux rendre le peuple aussi heureux que la nature humaine le comporte, nous avons vu que le peuple, à toutes les époques, dans tous les pays, en y comprenant la France, a toujours été très-malheureux sous le gouvernement démocratique, et qu'il n'a joui d'un véritable bonheur, et souvent pendant des siècles, que sous le gouvernement monarchique héréditaire : c'est donc ce dernier gouvernement que doivent maintenir les paysans, les ouvriers, les militaires, et tous ceux qui, dans la classe à éducation, veulent le bonheur du peuple proprement dit, et ne veulent point des privilèges pour eux-mêmes, privilèges qui ne pourraient être obtenus qu'aux dépens du peuple et en faisant son malheur.

La France n'a point, comme l'Angleterre, le très-grand avantage de n'avoir pas d'aspirants au pouvoir dont les prétentions sont appuyées sur une possession antérieure et sur un certain nombre de partisans. C'est là une très-grande raison qui fait que les institutions de l'Angleterre (institutions qui, du reste, sont toutes féodales) feraient le malheur de la France. Le gouvernement parlementaire est une machine de guerre, mais chez les Anglais elle ne tire à boulets rouges que sur les ministres, et jamais sur la dynastie régnante, tandis qu'en France cette même machine de guerre, tout en ayant l'air de ne diriger ses coups que contre le ministère, saurait bien que par ricochets elle finirait par atteindre la famille possédant le trône, et plonger la France dans des révolutions sans cesse renaissantes, dont le peuple serait la principale victime.

Les prétendants à la couronne de France sont les Bourbons, les descendants de Hugues Capet, qui se divisent en deux branches : la branche aînée ou le droit divin dans toute son étendue, et la branche cadette qui, pour chasser son aînée et prendre sa place, a bien été obligée de mélanger on ne sait trop quoi à la légitimité pure, et de créer la quasi-légitimité.

Par les faits, mes amis, toujours par les faits, mais en continuant à les passer par le crible du bon sens, cherchons quelle est des dynasties des Bourbons et des Bonapartes celle que veut : 1° l'immense majorité des Français, et 2° celle qui peut le mieux assurer à notre patrie honneur et indépendance nationale, tranquillité, sécurité, bonheur enfin.

ONZIÈME ENTRETIEN.

Depuis plus de soixante ans, la famille des Bourbons a été quatre fois renversée du trône, et cela par les Français, par eux seuls. Dans le même espace de temps, la famille de Napoléon a été quatre fois placée au pouvoir par les Français, par eux seuls.

En 1792, on ôte la couronne à Louis XVI. Très-malheureusement on ne s'en tint pas là. En 1814, il faut que l'Europe entière armée occupe la France, pour que l'Empereur perde le pouvoir et soit remplacé sur le trône par l'héritier de Louis XVI. Je défie qu'on cite un seul hameau, et à plus forte raison une seule ville, où Louis XVIII ait été proclamé avant que les ennemis de la France s'en soient rendus les maîtres. Les Anglais entraient à Bordeaux lorsque son maire, désavoué par ses adjoints, se mit sous leur protection, pour que la minorité royaliste osât élever la voix ; et la colonne du 12 mars, élevée pour conserver le souvenir du triomphe des étrangers et des Bourbons, a été abattue par les Bordelais seuls, sans être protégés, soutenus par des baïonnettes ennemies. Le 12 avril, Toulouse reconnaissait encore l'Empereur comme chef de la France.

En 1815, la France n'a plus d'ennemis dans son sein ;

elle est maîtresse de ses actions. Napoléon, relégué sur une petite île par les étrangers, débarque, presque seul, sur le sol français, à deux cent vingt lieues de Paris, et vingt jours après il est aux Tuileries, reconnu comme chef de l'État par toute la France, sans qu'un seul coup de fusil soit tiré contre lui. Le duc de Bourbon avait été dans la Vendée pour la soulever, mais la Vendée reste tranquille : une partie de ses habitants ne prend les armes que lorsqu'elle voit l'Europe s'armer de nouveau pour arracher à la France l'Empereur, et, chose très-remarquable et qui démontre de la manière la plus évidente à quel point était faible le parti des Bourbons, c'est que la Vendée, *dix jours après la bataille de Waterloo, le 28 juin*, dépose les armes et reconnaît l'Empire, la famille impériale, dont le chef était alors Napoléon II, en faveur duquel Napoléon Ier avait abdiqué. Le 23 juin, la Chambre des représentants, ainsi que celle des Pairs, proclama qu'en vertu de l'abdication de Napoléon Ier et des constitutions de l'Empire, acceptées par le suffrage universel à une immense majorité, Napoléon II était le chef de la France. (Voir le *Moniteur* du 24 juin.)

Ainsi, les Vendéens eux-mêmes avaient été obligés de reconnaître Napoléon II. Après les incontestables faits que je viens de citer, il est impossible de nier que si les ennemis de la France ne l'avaient point envahie avec de très-nombreuses armées, la famille Napoléon aurait continué à occuper le trône, sur lequel les Bourbons ne se seraient jamais assis.

Louis XVIII et les ennemis savaient si bien que la grande majorité des Français repoussait les Bourbons et voulait les Napoléons, qu'une forte armée ennemie occupa la France pendant plusieurs années, vivant à nos dépens : en outre, les Bourbons donnèrent aux étrangers un milliard pour le service qu'ils leur avaient rendu, et de plus, nos ennemis, dans le traité de novembre 1815, défendirent aux Français de rétablir l'Empire.

Il y a, de toute nécessité, une raison radicale à ce constant mouvement qui, d'un côté, depuis 1789, fait tomber du pouvoir les Bourbons, lorsque, par le secours de nombreuses armées ennemies, ils ont réussi à le reprendre, tandis que, de l'autre côté, les Napoléons sont élevés à la première place de l'État, aussitôt que la majorité des Français peut faire connaître son opinion. Cette raison, cherchons-la de bonne foi, et, pour cela, voyons par qui le sol de la France était habité en 1789.

Les Français, que les Romains qui ignoraient leur vrai nom appelèrent Gaulois à cause d'un coq qu'ils portaient sur leurs casques, les Français, dans le cinquième siècle, furent vaincus par des Allemands, qui s'emparèrent d'une partie des terres de nos ancêtres, obligés de les cultiver pour le compte de leurs vainqueurs.

Le peuple allemand ne se confondit jamais avec le peuple français, et fit toujours une nation à part; et, comme il eut soin d'être toujours armé, tandis qu'il empêcha les Français d'avoir des armes, il put, quoique bien moins nombreux que ceux-ci, rendre leur joug de plus en plus dur, et ajouter continuellement de nouvelles propriétés à celles qu'il avait ravies aux Français. Enfin, dans le dixième siècle, le peuple allemand se trouva assez fort pour dépouiller entièrement les Français de tous leurs biens, et les réduire dans le plus complet esclavage.

Lorsque la nation allemande eut poussé jusqu'à ses dernières limites le droit du plus fort, elle comprit qu'à de nouveaux droits il fallait une nouvelle dynastie, et que celle des Carlovingiens, qui avait ménagé un peu le peuple vaincu, qui avait été un peu juste envers lui, ne pouvait plus convenir aux vainqueurs, voulant que les Français fussent comme les ilotes à Lacédémone. C'est pour y réussir qu'ils prirent un des leurs pour le mettre à la place du roi légitime. Leur choix tomba, en 987, sur Hugues Capet, premier aïeul des Bourbons, qui n'ont d'autres droits que ceux qu'ils tiennent de lui.

Hugues Capet eut son 21 janvier 1793. Il s'empara, par trahison, de l'héritier direct de Charlemagne, du roi légitime, et le fit mourir en prison.

C'est à l'avènement de Hugues Capet que s'établit la maxime : *point de terre sans seigneur*, c'est-à-dire point de terre qui n'appartienne à un des descendants du peuple conquérant, du peuple allemand, qui forma l'ordre de la noblesse. Ce peuple allemand, dans l'origine, s'appelait Franc ; peu à peu, par euphonie, il prit le nom de Français.

Le pouvoir de Hugues Capet et de ses premiers successeurs était excessivement borné. Ce pouvoir n'était réellement que le lien fédératif entre plusieurs Etats, dont les chefs, les ducs, les marquis, les comtes, devenus héréditaires, avaient tous les droits de la souveraineté, comme le droit de faire la guerre, même au roi dans certains cas, de battre monnaie, de rendre la justice par eux-mêmes ou par leurs délégués, etc., etc. Cette forme de gouvernement s'appela *système féodal :* il n'a cessé d'exister qu'à la révolution de 1789. Les descendants de Hugues Capet, les aïeux des Bourbons actuels, pour accroître leur puissance, se servirent du peuple vaincu pour contre-balancer les forces du peuple vainqueur, puis ils eurent recours à celui-ci pour ôter à celui-là les concessions qu'ils avaient été obligés de lui faire pour l'entraîner dans leur parti. Au moyen de ces mouvements continuels de bascule, un des héritiers de Hugues Capet, Louis XI, parvint à un pouvoir à peu près absolu et qui devint tout à fait despotique sous les Bourbons, héritiers de ce roi ; mais la distinction entre le peuple allemand vainqueur et le peuple français se conserva jusqu'en 1789. L'histoire abonde en faits qui le prouvent, entre autres ceux-ci :

Dans les états-généraux de 1614, le président du tiers-état, ayant été admis à la tête d'une députation dans la chambre de l'ordre de la noblesse, dit que les nobles devaient se considérer comme les frères aînés d'une même famille, dont les roturiers étaient les frères cadets. Le président de la noblesse lui répondit que le tiers-état avait bien tort de vouloir s'assimiler à eux ; qu'ils n'étaient *ni du même sang ni de la même vertu.*

Jusqu'à Louis XIV, les rois avaient des nobles pour valets-de-chambre. Louis XIV, dans un moment de colère, fut sur le point de donner des coups de bâton à l'un d'eux ; il se retint cependant, regardant comme un crime de frapper un homme qui, comme lui, appartenait au peuple vainqueur. Dès ce moment, il n'eut plus pour valets-de-chambre que des hommes du peuple vaincu, que des roturiers, afin de pouvoir les bâtonner en toute sûreté de conscience. Ses successeurs suivirent son exemple.

En 1785, une ordonnance de Louis XVI (les ordonnances étaient des lois) remettait en vigueur les anciennes ordonnances qui déclaraient que les nobles seuls pouvaient être officiers. Il y avait donc évidemment deux peuples en France : l'un né pour être officier, l'autre né pour être sous ses ordres.

Tous les rois de Fance disaient être *les premiers gentilshommes de leur royaume*, et le comte d'Artois, dans une lettre publique, écrivait le 15 mai 1789 : « Je saurai « prouver à l'univers entier que je suis digne d'être né « *gentilhomme français.* » Il ne dit point d'être né Français, mais gentilhomme français, c'est-à-dire d'être né dans les rangs du peuple vainqueur.

Enfin, en 1789, les nobles ne pouvaient réclamer la conservation des droits féodaux dont ils jouissaient encore, ainsi que la revendication de quelques uns de ceux qu'ils avaient possédés autrefois, qu'en vertu du droit de conquête. Ils disaient, et avec raison, que la légitimité de leurs droits avait la même date que la légitimité des Bourbons à gouverner la France.

Il ne s'agit pas de savoir si tous les gentilshommes descendent des anciens conquérants, l'essentiel c'est qu'ils le prétendent, et que cette filiation seule peut les autoriser à dire qu'ils sont d'un autre sang et d'une autre vertu que les roturiers.

Aujourd'hui même les nobles, pour dire que quelqu'un est comme eux gentilhomme, disent *qu'il est né.* Il paraît que nous autres nous n'existons pas.

En juillet 1789, le peuple vaincu devient le plus fort. Il n'use point de ce droit de la force invoqué contre lui pour l'appliquer à l'ancien peuple vainqueur : il se contente de vouloir que tous les habitants de la France aient les mêmes droits civils et politiques, qu'ils soient tous égaux devant la loi ; mais les nobles n'y consentent point.

Alors eut lieu une répétition de ce qu'on avait vu au cinquième siècle. Les Allemands étaient partis des bords du Rhin pour conquérir la France. Leurs descendants vont sur ces mêmes bords pour l'assujettir de nouveau ; mais cette fois, quoique aidés par toute l'Europe et par une minorité de Français, ils n'y réussissent point : la victoire reste fidèle aux vainqueurs de 1789.

Ces vainqueurs, c'est-à-dire la grande majorité des Français éclairée par son bon sens naturel, comprenaient très-bien, ainsi que l'avaient compris les nobles en 987, que de nouveaux droits, pour les conserver, exigeaient impérieusement une nouvelle dynastie : aussi quels efforts, quels moyens arbitraires et meurtriers (témoin le massacre du 17 juillet 1791 au Champ-de-Mars) fallut-il employer pour que Lafayette et son parti pussent, pendant une année encore, maintenir Louis XVI sur le trône !

En l'absence de tout homme assez supérieur aux autres, ayant rendu d'assez grands services à la patrie pour qu'elle pût lui faire commencer cette nouvelle dynastie, la république était le seul gouvernement possible pour le peuple affranchi en 1789 ; mais lorsque cet homme transcendant a été trouvé, les Français, revenant à leurs goûts, à leurs mœurs, à leur nature monarchique, l'ont placé, par le suffrage universel et à une immense majorité, au pouvoir héréditaire.

Nouveaux droits, nouvelle dynastie, telle est la cause réelle, radicale des chutes continuelles des Bourbons depuis 1789, et de la constante élévation au pouvoir, depuis 1799, des Napoléons. Le peuple roturier veut, avec la plus logique raison, une dynastie qui soit entièrement à lui, qui n'ait absolument d'autres droits que ceux qu'elle tient de lui.

Ce peuple comprend très-bien que les descendants de Hugues Capet, que les Bourbons, aussi bien de la branche cadette que de la branche aînée, trouveront toujours, pour rétablir l'ancien régime, un appui dans l'ancienne noblesse, à laquelle les principes de 89 ont enlevé ses droits, son pouvoir, et, par suite de son émigration, une partie de ses biens.

Parmi les membres de cette ci-devant noblesse, il y en a qui ont accepté sincèrement la révolution de 1789 et les principes qu'elle a consacrés, il y en a qui sont devenus réellement Français. Nous devons aimer et estimer ceux-là ; mais il en existe aussi beaucoup d'autres qui conservent toutes leurs prétentions d'anciens vainqueurs, qui espèrent toujours, avec l'aide des Bourbons et des ennemis de notre patrie, reprendre les droits qu'ils tenaient de la conquête, au moins ceux qu'ils possédaient encore avant 1789, en un mot qui veulent toujours faire un peuple à part, n'être point Français ; au contraire, être, comme ils l'ont dit si souvent, « d'un autre sang et d'une autre vertu » que les Français. Ce sont ces souvenirs et ces espérances du retour de l'ancien régime qui font qu'à Paris, et surtout dans les départements, ceux qui se donnent toujours le nom de nobles font bande à part, ne se mêlent pas avec les roturiers, ne font société qu'entre eux, et ont leurs salons où ils ne reçoivent que ceux qui *sont nés*.

M. le comte de Montalembert s'est rendu l'interprète des sentiments et des pensées des membres de l'aristocratie féodale, qui ne veulent point se confondre avec les Français. Dans une lettre qu'il a rendue publique, et qui a motivé les poursuites faites contre lui par le gouvernement, il dit : « A quoi bon ces éternelles récriminations « contre la noblesse? N'est-elle pas assez vaincue, humi« liée, assez anéantie? »

Nous pouvons, mes amis, faire à M. le comte de Montalembert les questions suivantes : Ceux qui formaient autrefois l'ordre de la noblesse n'ont-ils pas le droit de se parer de leurs titres, de leurs blasons et de leurs armoiries? N'ont-ils pas un annuaire pour eux seuls? Ne peuvent-ils point, s'ils ont du mérite, parvenir aux plus hautes dignités militaires et civiles? Y a-t-il des grades, des emplois réservés aux seuls roturiers, comme il y en avait avant 1789 que les nobles seuls pouvaient occuper?

Évidemment, M. le comte de Montalembert et ceux dont il est l'interprète ne regardent l'ancienne noblesse comme si fortement vaincue, anéantie, *humiliée*, que parce qu'elle n'a conservé de l'ancien régime que des privilèges honorifiques, mais sans aucun droit, sans aucun pouvoir sur les roturiers. C'est l'égalité politique, c'est l'admission à tous les emplois de tous les Français qui humilie si excessivement une certaine partie de l'ancienne noblesse; c'est parce que le dernier marmiton de la cuisine d'un Montmorency, d'un Rohan, etc., etc., s'il a vingt et un ans et six mois de résidence dans la même commune, est aussi bien électeur que ceux à qui il loue ses services, et que son vote compte autant, pèse autant dans la balance nationale que le leur.

Napoléon **III**, qui non-seulement est, comme l'était le chef de sa dynastie, roturier par sa naissance, mais surtout par les sentiments, le cœur, l'intelligence; Napoléon III, qui a rendu aux anciens nobles le droit de se pavaner de leurs titres, de leurs armoiries, et dont la plupart ne lui en ont aucune reconnaisance; Napoléon III, qui veut continuer à suivre les exemples donnés par celui dont il est l'héritier, et faire de l'égalité, non pas en abaissant, mais en élevant; Napoléon III finira par dire: « Considérant qu'il n'y a point une seule famille française qui n'ait fourni au moins un de ses fils à ces héroïques phalanges qui ont repoussé et poursuivi jusque chez elles les nations du continent européen, se coalisant sans cesse pour nous arracher les principes de 1789 et le gouvernement qui les représentait; considérant, dis-je, les éminents services rendus à la patrie par les familles les plus obscures comme par les plus en évidence, je décrète que tous les Français ont le droit de faire précéder leur nom de famille de la particule *de*, et de prendre, à leur volonté, l'un des titres réservés autrefois aux nobles, à l'exception des titres de prince et princesse, qu'aucun Français, hors les membres de la famille Bonaparte, ne pourra porter. »

En attendant cette mesure, qui, un peu plus tôt, un peu plus tard, finira par être prise, il faut que lorsqu'un roturier rencontre un de ces ci-devant qui veulent toujours faire bande à part, être d'un autre sang et d'une autre vertu que nous, être Allemand et non point Français, il faut, dis-je, que ce roturier s'écrie, en regardant cet ex-noble par dessus l'épaule : « C'est un vaincu de 1789. »

Ces droits à la véritable noblesse, à celle du cœur, des sentiments et de l'amour de la patrie, ne date point, pour le peuple français, de la révolution de 1789 ; il en avait donné des preuves bien avant cette époque. Le duc de Saint-Simon, si grand partisan de la noblesse, mais homme véridique, dit dans ses mémoires, et cela date de *cent soixante ans*, que, lorsqu'on parla de la paix de Riswick, faisant descendre la France du haut rang où l'avait placée, en 1678, le traité de paix de Nimègue, qui rendait la France l'arbitre de l'Europe, les simples soldats voulaient que l'on continuât à se battre, à faire la guerre, tandis que les officiers, les colonels, les généraux, tous gentilshommes, ne se pénétrant pas du tout de ce qu'exigeait l'honneur de la France, ne désiraient, ne voulaient que la paix.

Il y a cent cinquante ans, après les défaites d'Ochstedt, de Ramilies, de Turin, de Barcelone, le maréchal de Villars fut nommé au commandement de l'armée de Flandre. Lui, comme le duc de Saint-Simon, était très entiché de la noblesse, et cependant il dit dans ses mémoires, qu'en arrivant à l'armée il n'eut point du tout de peine à relever le moral des soldats, mais qu'il en eut beaucoup à relever celui des simples officiers, des officiers supérieurs et des généraux.

Le maréchal de Villars livre la bataille de Malplaquet ;

mais une grave blessure, qui l'empêche de continuer à commander, la lui fait perdre. Les historiens disent, en parlant de cette bataille, que les soldats français avaient manqué de pain la veille, et qu'ils jetèrent une partie de celui qu'on venait de leur distribuer, oubliant ainsi leurs besoins pour être plus tôt prêts à combattre.

Ces soldats, qui montraient tant de dévouement à la patrie et à l'honneur national, étaient cependant des roturiers privés de tous droits politiques et civils, et que les gentilhommes opprimaient et regardaient comme bien au-dessous d'eux.

L'expérience de tous les temps et de tous les peuples prouve que, dans la vie politique comme dans la vie privée, il est un sentiment inné dans le cœur de l'homme, c'est de s'attacher d'autant plus à une chose qu'on a plus souffert pour elle.

Le comte de Chambord, au lieu de cette vie délicieuse qui l'attendait en France, use sa jeunesse dans les tourments de l'exil, dans la privation des honneurs et des richesses dont s'enivra son enfance; les idées causes de ses malheurs ne peuvent donc que lui être en horreur, et l'éducation qu'il a reçue (Châteaubriand a été jugé infiniment trop libéral pour en être chargé), ainsi que les discours de sa mère et de la duchesse d'Angoulême, n'ont pu que faire passer de plus en plus dans son sang cette haine implacable contre la révolution de 1789, qui a complètement affranchi l'ancien peuple vaincu, le peuple français, du joug que lui imposa le peuple vainqueur, le peuple allemand.

Le comte de Chambord, par la circulaire du 3 août

1850, signée de Barthélemy, proclame hautement qu'il ne reconnaît point du tout la souveraineté nationale, qu'il est toujours roi de France en vertu des droits qu'il tient de ses aïeux *et dont il est dépositaire*, c'est son expression; mais ses aïeux depuis plus de sept siècles ont constamment déclaré qu'ils ne tenaient leurs droits que *de Dieu* et *de leur épée;* et, depuis quatre cents ans, ils avaient un pouvoir entièrement absolu sur les roturiers, qui en outre étaient sous la dépendance des nobles.

En supposant que la portion du parti légitimiste qui, par politique, fait semblant de blâmer la circulaire signée de Barthélemy obtienne du comte de Chambord une autre circulaire moins imprégnée du droit divin, et parlant de liberté, d'égalité politique, pourrait-on se fier à ses promesses?

Le comte de Chambord ne peut pas être plus honnête homme que ne le fut Louis XVI; et cependant ce roi, se regardant comme obligé, par sa probité même, à transmettre à ses successeurs le pouvoir tel qu'il l'avait reçu de ses aïeux, et qu'il regardait comme un dépôt sacré remis momentanément entre ses mains, auquel il ne devait point souffrir que l'on touchât, appelait à son aide, à l'intérieur, la noblesse, le clergé et leurs partisans, et à l'extérieur les étrangers, pour reprendre aux roturiers les concessions qu'il avait été obligé de leur faire.

Charles Ier, roi légitime de l'Angleterre, était comme Louis XVI, dont il éprouva le funeste sort, un très-honnête homme, ce qui ne l'empêchait point d'écrire à la reine : « Du reste, je suis seul au fait de ma situation; « sois tranquille sur les concessions que je pourrai faire;

« je saurai bien, quand il en sera temps, comment il faut « se conduire avec ces drôles-là, et, au lieu d'une jarre- « tière de soie, je les accommoderai d'une corde de chan- « vre. »

Louis XVI, Charles Ier, et il en serait de même du comte de Chambord, ne se croyaient pas plus coupables, ne croyaient pas plus manquer aux lois de l'honneur et de la probité en cherchant à ressaisir le pouvoir de leurs aïeux dont ils n'étaient que dépositaires (expression employée par le comte de Chambord), qu'un simple individu ne croirait violer ces mêmes lois en faisant tous ses efforts pour reprendre sa bourse que des voleurs armés l'auraient, au coin d'un bois, forcé de leur donner.

Si la légitimité royale revenait en France, les légitimités nobiliaires et cléricales auraient de grandes chances pour revenir au point où elles étaient en 1788; et pour bien en juger, il faut se rappeler le chemin qu'elles avaient fait dans ce sens-là de 1815 à 1830, par les lois présentées du droit d'aînesse, du sacrilège, etc., etc., et par le milliard accordé aux émigrés, contrairement au texte de la Charte de 1814, qui mettait absolument sur la même ligne les biens dits *nationaux* et les autres.

Ces chances de remonter à 1788 et même plus haut seraient d'autant plus grandes pour les légitimités nobiliaires et cléricales, si leur sœur la légitimité royale triomphait, que les nobles et le haut clergé diraient au comte de Chambord, et avec une apparence de raison : qu'il faut, pour empêcher la légitimité royale d'être de nouveau chassée, placer entre elle et le peuple roturier la légitimité aristocratique de nouveau fortement constituée, qui mette la camisole de force à ce peuple, afin qu'il ne puisse plus remuer. Mais, quelque moyen qu'on emploie pour garrotter le géant populaire, il finira par briser ses liens.

Que l'on y réfléchisse bien, et l'on se convaincra que la dynastie des nobles, par son retour, doit nécessairement provoquer de nouvelles révolutions, car elle n'aurait quelque chance de régner sur le peuple affranchi de 1789 qu'en reconstituant fortement l'ancien régime; mais l'égalité politique a de trop profondes racines dans le cœur des roturiers pour que ce moyen n'amène pas de nouvelles révolutions. Les descendants de Hugues Capet ne peuvent point régner en France avec une aristocratie, et sans elle ils ne le peuvent point non plus.

Si la branche cadette des Bourbons n'avait point régné sur la France, on n'aurait pas l'expérience des faits à l'appui du raisonnement, pour démontrer qu'elle aussi ne peut point préserver la France de sanglantes émeutes, aboutissant à une sanglante révolution.

Louis-Philippe était incontestablement un homme d'une haute capacité; il y joignait une longue expérience, une connaissance approfondie des hommes et du jeu des révolutions; et, malgré tout cela, le glas funèbre du 24 février a sonné. Pourquoi? Parce qu'il était un Bourbon.

Tous ceux qui, pendant les journées de juillet 1830, étaient à Paris, savent que les combattants populaires criaient principalement : *A bas les Bourbons!* Et cela est si vrai, que, pendant dix jours au moins, les murs étaient couverts d'affiches où l'on disait que Louis-Philippe n'était pas un Bourbon, mais un Valois, sur lequel les Bourbons avaient usurpé la couronne : c'est un des moyens qui furent employés pour exécuter le tour d'escamotage; mais bientôt après le peuple sut la vérité, et dès lors il commença à ressentir pour Louis-Philippe des sentiments de méfiance et de répulsion.

Le peuple travailleur a un instinct, un bon sens naturel qui le guide beaucoup mieux, lorsqu'il n'est pas aveuglé par la colère, que les raisonnements (qui ne sont bien souvent que des sophismes) des gens d'éducation.

Le peuple comprenait instinctivement qu'il faudrait que le descendant d'un si grand nombre de rois fût un Dieu et non pas un homme, pour ne pas se croire appelé par sa naissance à régner sur les Français. Louis-Philippe, peu de jours après la révolution de 1830, avait montré la justesse de l'appréciation du peuple, en répondant à ceux qui lui disaient qu'il était roi *quoique Bourbon*, qu'on ne l'avait placé sur le trône que *parce qu'il était Bourbon*. Il voulait conserver les fleurs-de-lys dans ses armes; et pour juger des sentiments du peuple à cet égard, il faut se rappeler qu'à l'époque de l'émeute du 13 février 1831, dirigée contre les Bourbons, il y avait en prison un homme du peuple qui, aux applaudissements des passants, avait barbouillé, avec quelque chose de plus sale que de la boue les fleurs-de-lys étalées sur les panneaux des carrosses de Louis-Philippe. Cette émeute fut cause qu'elles furent supprimées dans le Palais Royal et dans les autres domaines de Louis-Philippe comme elles l'avaient été par le peuple dans tous les lieux publics.

La branche cadette des Bourbons ne peut point se retrouver dans une position aussi favorable, pour empêcher de nouvelles révolutions, qu'elle l'était en 1848. D'abord son chef était un homme supérieur, et en supposant, ce qui est très-douteux, que le comte de Paris le soit aussi, il n'aurait, sous ce rapport-là, aucun avantage sur son grand'père.

Mais ce que ne peut point avoir le comte de Paris, et ce que Louis-Philippe possédait à un très-haut degré, c'est la connaissance des hommes, de leurs passions, ainsi que la connaissance des différents partis et des ressorts secrets qui amènent les révolutions.

En outre, Louis-Philippe avait quatre fils, qui, tous les quatre, s'étaient distingués dans d'honorables combats. L'un d'eux, le duc d'Aumale, avait pris la smalah d'Abd-el-Kader malgré tous les efforts du chef des Arabes pour la défendre. Ce même duc d'Aumale était, en **1848**, gouverneur de l'Algérie, ayant sous ses ordres une armée de *cent mille hommes*. Son frère, le duc de Montpensier, commandait l'importante forteresse de Vincennes, qui offrait à sa famille un refuge assuré pour attendre la fin de l'orage, et voir dans quel sens la France se prononcerait. Un autre fils de Louis-Philippe, le duc de Nemours, sortait presqu'à l'instant de commander l'armée qui venait de s'exercer, par une guerre simulée, aux grandes manœuvres. Ce commandement, et ceux qu'il avait eus en Afrique dans des guerres véritables, avaient fait que le duc de Nemours était bien connu de l'armée. Le prince de Joinville, qu'on avait cherché à populariser en lui faisant rapporter en France les cendres de Napoléon Ier, et en lui faisant jouer la comédie pratiquée dans tous les gouvernements parlementaires, d'avoir toujours dans l'opposition un prince de la famille régnante (Nous devons croire, mes amis, que ce n'était qu'une comédie, car, si son opposition avait été sérieuse, il se serait montré très-mauvais fils, et aurait beaucoup contribué à hâter la venue de la révolution qui devait chasser de France tous les Bourbons) ; le prince de Joinville, dis-je, était en Algérie auprès de son frère le duc d'Aumale, tout prêt à l'aider de son expérience, de ses conseils, et de son bras déjà vaillamment éprouvé.

Certainement, en ne considérant que les apparences, on devait croire que Louis-Philippe et sa famille étaient très-solidement ancrés sur le trône, et cependant il n'a fallu qu'un coup d'épaule, et pas trop fort encore, pour les jeter par terre, et pour amener une révolution anarchique.

Pourquoi Louis-Philippe, ses fils et ses petits-fils ont-ils été si facilement renversés du trône et chassés de France ? C'est, mes amis, par la même raison qui avait fait que la branche aînée avait été de nouveau renvoyée en exil, c'est parce que tous les Bourbons, sans distinction de branches, sont des membres de cette famille féodale élevée au pouvoir pour mettre les roturiers sous le joug des nobles, et dont, avec juste raison, les roturiers ne veulent point.

La preuve positive de ce que je vous dis là, mes amis, m'est fournie par les Bourbons eux-mêmes. Le duc d'Angoulême, dans plus d'une occasion, avait prouvé qu'il était très-brave; mais il connaissait les sentiments de répulsion des Français pour les Bourbons ; ce fut à cause de cela qu'il ne vint pas se mettre à la tête des valeureux soldats, qui, quoique avec bien du regret, mais faisant passer avant tout la fidélité au serment militaire, se faisaient tuer pour lui.

La garde royale s'était retirée à Saint-Cloud. C'était un véritable point d'appui offert à Charles X et au duc d'Angoulême pour attendre le secours de leurs partisans; mais ils savaient que ceux qui voulaient d'eux ne formaient qu'une imperceptible minorité parmi les Français ; aussi le duc d'Angoulême, après avoir passé devant la garde royale, sans lui adresser un seul mot, reprit, philosophiquement, le chemin de l'exil. Les Bourbons de la branche cadette ont fait exactement la même chose que ceux de la branche aînée, et par les mêmes raisons.

Le 24 février 1848, un bataillon de la garde nationale se rendit, de bon matin, sur la place du Carrousel. Le duc de Nemours et M. Thiers, alors ministre, vinrent le passer en revue; mais l'un et l'autre firent comme le duc d'Angoulême à Saint-Cloud, ils ne trouvèrent point un seul mot à lui dire (*Mémoires d'un bourgeois de Paris*, t. V, p. 84.)

M. Thiers a démenti un autre fait contenu dans ces mémoires; mais il y avait eu trop de témoins du fait que je viens de citer pour qu'il pût en faire autant.

On sait avec quelle facilité M. Thiers parle sur le premier sujet venu; mais malgré tout son esprit, dans ce moment de crise, que pouvait-il dire à des roturiers en faveur de la famille féodale?

Louis-Philippe et ses enfants étaient dans une position à connaître très-exactement l'opinion des roturiers, c'est-à-dire de l'immense majorité des Français; ils savaient que le peuple qui, depuis 1792, avait si souvent manifesté ses véritables sentiments en poussant le cri de : A bas les Bourbons ! cris renouvelés en juillet 1830, et qui s'adressaient aussi bien aux Bourbons de la branche cadette qu'à ceux de la branche aînée, que le peuple, dis-je, conservait toujours les mêmes sentiments à leur égard.

Louis-Philippe, le duc de Nemours et le duc de Montpensier, qui étaient à Paris en 1848, avaient souvent montré qu'ils étaient courageux, et cependant, dès le premier choc, ils se sauvèrent sous de grotesques déguisements, au lieu d'aller se mettre à la tête des soldats de la ligne et des gardes municipaux qui, par la même raison qu'en 1830, par fidélité au serment militaire, se faisaient tuer et brûler pour eux. Une telle conduite de la part de princes réellement braves, ne peut s'expliquer et s'excuser jusqu'à un certain point que par leur conviction intime que la France les repoussait, ne voulait point d'eux, et que, par conséquent, les efforts de ceux qui les défendraient, uniquement par fidélité au serment militaire, ne pouvaient point prévaloir contre la volonté nationale. C'est cette même conviction qui a déterminé la conduite du prince de Joinville et du duc d'Aumale en Algérie.

Le 25 février, un membre du gouvernement provisoire, Arago, leur écrit que, la veille, une révolution a eu lieu dans la capitale, que leur famille est chassée de France, que la république est proclamée (ce qui n'était pas encore vrai), et il ordonne en même temps au duc d'Aumale de remettre le commandement de l'Algérie et de l'armée au général de brigade Cavaignac, le menaçant dans le cas où il n'obéirait point sur-le-champ. C'est le 3 mars, il faut bien remarquer les dates et se souvenir qu'à cette époque les communications entre Paris et Alger n'étaient pas aussi promptes que maintenant; c'est le 3 mars que cette dépêche parvient au duc d'Aumale ; à peine l'a-t-il reçue, qu'il prépare un ordre du jour pour annoncer qu'il s'en va, et qu'en attendant l'arrivée du général Cavaignac, absent d'Alger, il remet tous ses pouvoirs au général Changarnier.

Des personnes de l'ordre civil et des militaires haut placés font des représentations aux deux princes sur un si prompt abandon. On leur dit, et avec raison, que Paris n'est point toute la France ; que la république rappelle de si affreux souvenirs, qu'il se peut fort bien que les départements la repoussent avec horreur ; qu'à Paris même, il n'y aurait rien d'étonnant que les partisans de leur famille, réunis aux personnes dont les intérêts, les sentiments sont opposés au régime républicain, se soient comptés, ralliés, et que peut-être il est arrivé ce que l'on avait vu à Lyon, seulement quelques années avant, où l'émeute, maîtresse de la ville pendant plusieurs jours fut vaincue à son tour. Votre père, ou au moins vos frères, ajoutait-on, auront sans doute été se mettre à la tête des troupes qui sont dans les départements, pour offrir un point d'appui aux Français lassés de ces révolutions con tinuelles. On leur citait, pour leur prouver que rien d fâcheux ne pouvait arriver de la détermination de l'armé d'attendre, l'exemple du maréchal Bourmont, qui, quoiqu au début de la conquête, ne remit le commandement son successeur que lorsqu'il fut bien certain de la chut des Bourbons aînés ; qu'à plus forte raison, eux devaien attendre, pour connaître avec certitude la volonté de l

France, qui, le 25 février, n'avait même point pu être consultée sur les évènements de la veille. Un abandon si hâtif, leur disait-on, peut avoir les plus graves inconvénients dans des circonstances qui, peut-être dans ce moment-ci, sont le contraire de celles annoncées par M. Arago.

Quelle fut la réponse des deux princes à ces judicieuses observations? Le duc d'Aumale, approuvé par le prince de Joinville, se hâte de publier son ordre du jour, et, en compagnie de son frère, il quitte Alger avant le coucher du soleil. Ainsi, le même jour, le 3 mars, a vu arriver la dépêche d'Arago du 25 février, annonçant les évènements du 24, l'abandon par le duc d'Aumale de son double commandement, et le départ des deux princes.

Le duc d'Aumale, dans son ordre du jour, disait : *soumis à la volonté nationale;* mais il était de la dernière évidence que, le 25 février, la France n'avait point pu faire connaître sa volonté : il la connaissait donc d'avance, il savait donc d'avance que la nation ne voulait point d'un Bourbon pour la gouverner, quelque masque qu'il pût prendre. La connaissance anticipée de cette détermination est la seule explication qu'on puisse donner, ainsi que pour les Bourbons qui étaient à Paris, de la conduite de ces deux princes, qui, dans leur famille, sont les braves des braves. Et tous ces princes qui, par soumission à la volonté nationale, avant même qu'elle se fût prononcée, n'ont point voulu défendre la position qu'ils occupaient, cherchent, dit-on, à la reprendre, maintenant que cette volonté nationale s'est si positivement manifestée. Si le prince de Joinville et le duc d'Aumale veulent en effet ne plus se soumettre à la volonté nationale ; ils prouveront par là que, lorsqu'ils ont quitté Alger, ce n'était point un honorable départ, mais un honteux sauve-qui-peut.

Quant aux deux fils du duc d'Orléans, ils sont aussi, comme leurs oncles, des membres de la dynastie féodale. Cette tache indélébile ferait que le peuple roturier les chasserait aussi comme il a chassé leur grand-père et leurs oncles ; mais il y a encore une autre raison qui doit faire repousser le comte de Paris et le duc de Chartres.

Louis XIV, en 1648, fut chassé de Paris par un mouvement populaire : il en conserva toute sa vie un souvenir haineux contre le peuple. C'est ce qui lui fit enfouir de très-nombreux millions dans la création de Versailles, au lieu de les employer à l'assainissement, à l'embellissement de Paris, ainsi que l'avaient fait ses prédécesseurs, qui tous habitaient la capitale. Mais il faut bien remarquer, mes amis, que l'émeute de 1648 n'était point dirigée contre Louis XIV, car elle criait : Vive le roi ! mais contre le cardinal Mazarin, premier ministre et favori de la reine régente. Louis XIV se retira entouré d'une armée, et il ne fut point obligé de quitter la France ; il avait alors dix ans, c'est précisément l'âge qu'avait le comte de Paris en 1848 ; son frère en avait huit. Mais non-seulement tous les deux ont été chassés de Paris mais de toute la France ; et, bien loin de s'être retirés comme Louis XIV, au milieu d'une armée, ils se sont trouvés au milieu du peuple ; ils ont été, ainsi que leur mère, menacés, pressés, et de plus qu'elle ils ont été renversés, foulés aux pieds, et il s'en est fallu de peu qu'ils ne fussent écrasés. En outre, eux et la duchesse d'Orléans ne sont sortis du territoire français que sous des déguisements, et en éprouvant les plus mortelles craintes d'être reconnus et de voir se renouveler les affreuses scènes du Corps Législatif.

La vindicative impression conservée par Louis XIV peut nous faire juger des sentiments de répulsion, de haine pour le peuple et la bourgeoisie, qui a fait cause commune avec lui, dont sont animés le comte de Paris et son frère.

Ces extrêmement fortes impressions d'enfance ne s'effacent jamais ; je m'en rapporte à tous ceux qui en ont éprouvé. Pour moi, mes amis, obligé, encore enfant, de fuir avec toute ma famille la ville du Cap (à Saint-Domingue), la veille du jour où elle fut prise par les nègres, qui massacrèrent tous les blancs, je ne peux point, malgré le grand espace de temps écoulé depuis cette époque, malgré mes efforts et mes raisonnements, je ne peux point voir, dis-je, un nègre sans éprouver un vif frémissement de répulsion et une forte envie de l'attaquer. La nature humaine est ainsi faite, il est impossible qu'il en soit autrement. Napoléon II, quoique bien plus jeune que le comte de Paris et son frère, se souvenait toujours que c'étaient les ennemis de la France et de son père qui l'avaient arraché des Tuileries, où il se cramponnait à tous les objets que pouvaient saisir ses mains.

J'en appelle aussi à toutes les mères : est-il possible qu'une mère n'éprouve pas des sentiments d'une haineuse répulsion contre le peuple qui a manqué de la priver de ses enfants? Même les femelles des animaux en veulent à ceux qui font du mal à leurs petits. La duchesse d'Orléans est mère, de toute nécessité elle éprouve les sentiments innés dans le cœur d'une mère ; il est de plus impossible qu'elle n'ait point souvent, malgré tous les efforts qu'elle a pu faire pour les cacher, laisser éclater devant ses enfants ses véribles sentiments, ce qui aura fortifié encore plus les impressions d'enfance de ses deux fils. Qu'on se rappelle la haine peinte sur la figure de la duchesse d'Angoulême lorsqu'elle voyait des hommes du peuple ou de la bourgeoisie.

En outre, à la mort du comte de Chambord, qui n'a point d'enfants, le comte de Paris serait le roi légitime, le roi par droit divin, ce qui ajouterait à ces très-fortes impressions d'enfance, pour le porter à chercher son point d'appui dans l'ancienne noblesse féodale.

Malheureusement, en France, ce qu'on appelle la bourgeoisie ou l'aristocratie des richesses et des talents, qui n'est qu'une partie du peuple dont elle n'est distinguée que parce que les jours ouvriers elle est mieux mise que lui, mais qui n'a jamais eu de pouvoir sur lui, ni d'autres droits que les siens ; la bourgeoisie, dis-je, ne prend jamais pour se conduire la connaissance des faits ; aussi elle est toujours la dupe des mots. C'est ainsi que Lafayette et son parti l'ont entraînée, en 1815 et en 1830, dans des démarches contraires à l'honneur et à l'indépendance de la France, ainsi qu'à son bonheur réel, compromis par les révolutions de 1830 et de 1848, qui étaient inévitables après ce qui s'était fait en 1815.

Lafayette, pour tromper par un faux rapprochement la classe à éducation, lui avait, en 1815 et en 1830, montré la révolution anglaise de 1688, qui remplaça la branche aînée des Stuarts par la branche cadette. Si ce qu'on appelle improprement la bourgeoisie avait cherché à s'éclairer, elle aurait connu l'énorme différence qui existait entre les deux branches des Stuarts, tandis que pour les Bourbons il n'y en avait réellement aucune.

Tandis que la révolution de 1649 faisait des Anglais, jusqu'alors peu tenaces dans leur croyance religieuse, de très-ardents protestants, le duc d'York, second fils de Charles Ier, qui périt sur l'échafaud, devint sur le continent, pendant son éloignement forcé de l'Angleterre, un très-fervent catholique romain. Quoiqu'il essayât de cacher ses véritables sentiments, ils étaient connus; aussi les Anglais redoutaient le moment où il succéderait à son frère Charles II, qui n'avait point d'enfants. Le duc d'York, de son côté, par le même motif de différence religieuse, craignait beaucoup qu'on ne le laissât pas tranquillement monter sur le trône. Pour éloigner les obstacles qu'on pourrait lui susciter, aussitôt qu'il devint roi sous le nom de Jacques II, en 1685, il fit les déclarations les plus solennelles qu'il maintiendrait toutes les lois faites en faveur du protestantisme et contre le catholicisme romain. Les Anglais en devinrent enthousiastes, et le parlement lui accorda tout ce qu'il désirait. Mais, un certain temps après, il voulut forcer les Anglais à changer de religion, à cesser d'être protestants pour devenir catholiques romains. Les Anglais, non pas par eux-mêmes, comme les Français en 1830 et en 1848, mais au moyen d'une armée de protestants hollandais conduite par le prince d'Orange, gendre de Jacques II, les Anglais, dis-je, chassèrent de l'Angleterre le chef de la branche aînée des Stuarts, et mirent à sa place sur le trône le prince d'Orange, qui n'était point de la famille des Stuarts. Ce fut donc un changement de dynastie, car, d'après les lois anglaises, c'est sa femme, qui était protestante, qui aurait dû régner, et le prince d'Orange n'être que le mari de la reine sans avoir le titre de roi, n'être, en un mot, que ce qu'est aujourd'hui le prince Albert, mari de la reine Victoria.

A la mort de Guillaume III (le prince d'Orange), veuf depuis plusieurs années, la fille cadette de Jacques II, protestante comme son beau-frère, lui succéda. A sa mort, en 1714, les Anglais appelèrent au trône l'électeur de Hanovre, descendant d'une Stuart. Il ne savait pas un mot d'anglais, n'était jamais venu en Angleterre, n'avait jamais pensé qu'il pourrait en devenir le roi; en un mot, il était tout Allemand et point du tout Anglais; de sorte que, dans la réalité, ce fut plutôt, comme cela avait eu lieu pour le prince d'Orange, un changement de dynastie qu'une branche cadette substituée à la branche aînée.

En France, il n'existait que de légères différences entre les deux branches des Bourbons. Si Louis-Philippe avait porté la cocarde tricolore, Louis XVIII en avait fait autant en jurant solennellement qu'il acceptait franchement les principes de 89, et tous les deux, en sortant de France, s'empressèrent de la quitter. A la vérité, Louis-Philippe, alors duc de Chartres, combattit vaillamment à Valmy et à Jemmapes, mais il le fit dans son propre intérêt. Dumouriez, général en chef, voulait le placer sur le trône : pour cela, il fallait qu'il acquît de la gloire. A la fin de mars

1793, Dumouriez eut des intelligences avec les ennemis, leur annonçant ses projets de marcher sur Paris, pour détruire la Convention et rétablir la monarchie. Pour gage de la sincérité de ses intentions, il leur livre Bréda et Gertruydenberg ; les autres places qu'il veut leur remettre n'exécutent point ses ordres.

La Convention envoie plusieurs de ses membres pour destituer et faire conduire à Paris Dumouriez, qui les fait arrêter et les livre aux ennemis ; mais quelques jours après, son armée, dont il se croyait sûr, ayant refusé de le seconder dans sa trahison, il s'enfuit avec le duc de Chartres, contre lequel il n'y avait pas de décret d'arrestation, et qui devint ainsi un émigré. Ce fut après cette désertion que la Convention décréta que tous les membres de la branche cadette des Bourbons cesseraient d'être libres, et seraient emprisonnés à Marseille.

Lafayette, sept mois avant Dumouriez, avait voulu, à la chute de Louis XVI (le 10 août 1792), conduire son armée contre Paris, livrant ainsi la France aux ennemis, qui auraient réalisé la fable de l'*Huître et les Plaideurs ;* mais sa patriotique armée, comprenant très-bien qu'avant toute autre chose il fallait sauver l'indépendance nationale, si fortement menacée par l'affreux manifeste du duc de Brunswick, refusa de servir d'instrument aux projets de Lafayette, qui, le 20 août, prit la fuite.

La défection du marquis de Lafayette amena les horribles journées des 2 et 3 septembre ; la trahison de Dumouriez fit créer le comité de salut public, d'abominable mémoire.

Louis-Philippe, lorsque des armées anglaises secondaient fortement les Espagnols qui faisaient la guerre à la France, demanda, en 1810, à la junte de Cadix la permission de venir, lui aussi, combattre les Français; la junte ne voulut pas accepter ses services. Ainsi, Louis-Philippe a fait comme les autres émigrés, et, s'il n'a pas porté les armes contre sa patrie, il en a eu l'intention, qui, dans ce cas-là, vaut le fait.

Si le chef de la branche aînée, Louis XVIII, a dit, en 1814, qu'après Dieu c'était à l'Angleterre qu'il devait son rétablissement sur le trône de ses pères, le chef de la branche cadette, Louis-Philippe, a, lui aussi, parlé de sa reconnaissance pour l'Angleterre et des sentiments de gratitude qu'il éprouvait pour elle. Dans une lettre qu'il écrivit à l'évêque de Landaff, en 1804 (il avait alors trente-un ans), il dit : « J'ai quitté ma patrie de si bonne « heure (il avait vingt ans), que j'ai à peine les habitudes « d'un Français, et je puis dire avec vérité que je suis « attaché à l'Angleterre, non-seulement par reconnais- « sance, mais aussi par goût et par inclination... Mais ce « n'est pas seulement en raison de mes sentiments parti- « culiers que je prends un vif intérêt au bien être, à la « prospérité *et au succès de l'Angleterre;* c'est aussi en « ma qualité d'homme. Puisse la Providence déjouer ses « projets iniques (de Napoléon) et maintenir ce pays dans « sa situation heureuse et prospère ! *C'est le vœu de mon « cœur, c'est ma prière la plus fervente !* » (Louis-Philippe et la contre-révolution de 1830, t. Ier, p. 92, par B. Sarrans jeune; ouvrage publié à Paris en 1834.) L'original de cette lettre étant à Londres, en mains sûres, Louis-Philippe ne put point la démentir.

Lorsque Louis-Philippe écrivit cette lettre, l'Angleterre, un an auparavant, avait pris, en pleine paix, nos bâtiments de guerre et surtout de commerce, avait plongé dans ses affreux pontons les Français qui étaient à bord; et, dans le moment même, elle nous faisait une guerre à mort, soulevant contre nous tout le continent. Elle ne pouvait avoir des succès qu'autant que la France aurait des revers. C'était là le vœu du cœur de Louis-Philippe, sa prière la plus fervente!

Les sentiments exprimés dans cette lettre sont la nature prise sur le fait. Il est de toute impossibilité que des princes chassés par la nation gouvernée par eux ou par leurs parents, n'éprouvent point pour elle des sentiments de haine et ne souhaitent pas de la voir malheureuse.

Du reste, pour bien juger ce qu'éprouvent les autres, il faut se mettre à leur place. Supposons donc, mes amis, que des personnes nous aient chassés de notre patrie, nous aient imposé les ennuis et les privations de l'exil, à la place du bonheur que nous aurions goûté dans notre pays. Dans cette supposition, interrogeons très-consciencieusement notre cœur, comprenons bien sa réponse, et nous verrons qu'il nous dira : J'aurais pour ces personnes une profonde haine, je leur souhaiterais beaucoup de mal, et, si je le pouvais, je leur en ferais le plus qu'il me serait possible.

Ces sentiments, qui tiennent à la nature humaine, qui sont inséparables d'elle, Louis-Philippe les ressentait très-fortement : ses fils, ses petits-fils, placés dans les mêmes circonstances que lui, les éprouvent aussi très-vivement. Il en sera de même pour ses arrière-petits-fils, s'il en a.

L'histoire abonde en exemples qui prouvent que le plus mauvais gouvernement pour un peuple est la restauration de princes qu'il a chassés, même lorsqu'elle est faite par lui.

Les journaux libéraux ont retenti des nombreux procès que Louis-Philippe intentait aux possesseurs de la partie de ses propriétés devenue biens nationaux ; il trouvait des *mais*, des *si*, des *car*, pour échapper aux lois et à la Charte, qui garantissaient la vente des biens nationaux. La plupart de ceux qu'il attaquait n'ayant pas d'argent pour plaider, surtout contre le premier prince du sang, immensément riche, entraient en composition.

Louis-Philippe toucha une large part du milliard donné *aux émigrés*, contrairement à l'article formel de la Charte, qui mettait sur la même ligne les biens nationaux et les autres biens.

La suppression d'un article ambigu de la Charte, et l'adoption du pavillon décrété par Louis XVI, ne suffisaient pas pour établir une grande ligne de démarcation entre la branche aînée et la branche cadette des Bourbons, tandis que pour les Stuarts (en supposant que la révolution de 1688 ne fût pas un changement de dynastie), ces deux branches étaient séparées par le plus grand des abîmes, celui de la différence de religion.

DOUZIÈME ENTRETIEN.

Mes chers amis, je crois que notre entretien d'aujourd'hui sera plus long que les précédents, parce que la famille Bonaparte, Napoléon Ier, Napoléon II et Napoléon III, seront le sujet de notre causerie.

La famille Bonaparte non-seulement est roturière, mais jamais l'Empereur n'a essayé, comme tant de parvenus, à faire oublier sa naissance.

Lorsque son beau-père, l'empereur d'Autriche, voulut lui créer une généalogie qui le faisait descendre d'une maison princière d'Italie, il lui répondit : « Ma noblesse « date de la bataille d'Arcole. »

Ses sympathies pour la classe roturière, dont il sortait, se sont montrées, non-seulement en France, mais chez tous les peuples où le portait le besoin de défendre par les armes les droits conquis par la révolution de 89, droits que les rois et les aristocraties de l'Europe attaquaient sans cesse (1).

(1) Dans mon *Histoire de Napoléon Ier*, je prouve, par les documents fournis par nos anciens ennemis, qui, après 1814 et 1815, n'avaient plus besoin de dissimuler, que ce sont eux qui ont, de 1792 à 1815, continuellement attaqué la France, aussi bien sous l'Empire que sous Louis XVI et la République.

Dans les instructions que l'Empereur donna à son frère Jérôme en le faisant roi de Westphalie, il lui recommandait « de maintenir en majorité le tiers-état « dans tous les emplois... » Il lui disait : « Que dans vos « ministères, dans vos conseils, s'il est possible dans vos « cours d'appel, dans vos administrations, la plus grande « partie des personnes que vous emploierez ne soient « pas nobles... » Il ajoutait : « Souvenez-vous que vous « êtes prince français. » (*Histoire du Consulat et de l'Empire*, par M. Thiers, tome VIII, page 166). — Le prince Jérôme, dans plusieurs occasions, et entre autres à Waterloo, où il commandait une division, montra, par ses talents militaires et son intrépidité, qu'il était le digne frère de Napoléon Ier. Partout où il lui fut possible de le faire, l'Empereur détruisit le système féodal et proclama l'égalité politique.

Les peuples, qui avaient d'abord méconnu sa mission, ont compris, depuis 1815, qu'il était l'apôtre de l'émancipation, de l'égalité de tous devant la loi et de l'admission de tous à tous les emplois. Aussi maintenant, dans toute l'Europe, son portrait se trouve dans la demeure du paysan et de l'ouvrier.

On a reproché à l'Empereur de s'être entouré d'anciens nobles. D'abord, ceux qui avaient servi la République contre l'émigration avaient par là passé de la classe des nobles dans celle du peuple, comme avant 89, au moyen de la savonnette à vilains, des hommes riches du tiers-état devenaient anoblis. Quant aux autres nobles, il leur donnait des places dans sa maison.

Le roi des gentilshommes, un Bourbon, plaçait dans

ses antichambres des roturiers, afin de pouvoir les bâtonner sans remords. L'empereur des vilains, un Bonaparte, admettait dans ces mêmes antichambres des gentilshommes, afin que, par leur contact avec l'homme éminemment français, ils devinssent dignes d'entrer dans les rangs du peuple affranchi en 1789.

Nous avons vu comment les Bourbons sont tombés quatre fois du trône, chassés par les Français : voyons maintenant de quelle manière l'empereur des roturiers en est descendu deux fois.

En 1814, l'Empereur tombe au bruit des victoires de Saint-Dizier, Brienne, de la Rothière, Champaubert, Montmirail, Vauchamps, Montereau, victoires rendues inutiles, encore plus par la trahison de personnages haut placés (pas un seul soldat n'a trahi) que par l'immense supériorité en nombre des ennemis.

En voici la preuve fournie par nos ennemis eux-mêmes. Le général Kouraskin, aide-de-camp de l'Empereur Alexandre, *dans un ouvrage officiel* sur la campagne de 1814, convient que Bonaparte, par des manœuvres stratégiques empreintes du plus profond génie, avait placé les armées alliées dans une position tellement désavantageuse, que, de toute nécessité, nous eussions vu se renouveler les immenses résultats obtenus par les victoires de Marengo, d'Austerlitz, d'Iéna, lorsqu'un envoyé de Talleyrand vint presser les alliés de se rendre à marches forcées sur Paris, leur promettant que les portes leur en seraient ouvertes.

Le général Wilson, qui se trouvait, en qualité de commissaire anglais, au quartier général de nos ennemis, et

qui, par conséquent, a tout vu de ses propres yeux, ai
que le général Kouraskin, dit, dans l'ouvrage que l
aussi a publié sur la campagne de 1814, page 91 : « L
« alliés se trouvaient dans un cercle vicieux d'où il le
« était impossible de se tirer, *si la défection ne fût ven*
« *à leur secours*. Ils étaient hors d'état d'assurer leur
« traite, et cependant obligés de s'y déterminer. Ce
« défection, favorable à leur cause, et qui, à ce que l'
« croit, était préparée de longue main, fut consommée
« moment même *où les succès de Bonaparte* semblai
« hors du pouvoir de la fortune ; et le mouvement s
« Saint-Dizier, qui devait lui assurer l'Empire, lui fit p
« dre la couronne. »

S'il tombe, c'est avec toute sa gloire, qui force ses e
nemis et ceux de la France à le traiter noblement.
souveraineté de l'île d'Elbe lui est accordée personnel
ment, et sa postérité possédera la souveraineté des d
chés de Parme et de Plaisance. Un certain nombre
soldats, sans cesser d'être Français, le suivront à l
d'Elbe. *Son abdication lui a été demandée.* L'Europe
tière lui arrache le pouvoir en France ; mais il reste s
verain, il commande encore à des Français.

En 1815, c'est après avoir surpris les ennemis de
France, séparé leurs armées et remporté la victoire
Ligny, que, de nouvelles trahisons nous ayant fait per
la bataille de Waterloo, l'Empereur, le 22 juin, abdi
mais seulement en faveur de son fils (1).

Le jour suivant, 23 juin, dans la Chambre des re

(1) Dans mon Histoire populaire de Napoléon Ier, je prouve

sentants du peuple, M. Defermon propose une mesure qui impliquait la reconnaissance de Napoléon II, et dit : « Il n'y aura plus de doute sur le maintien constitution« nel de la dynastie de Napoléon. » Un mouvement d'enthousiasme se manifeste rapidement dans l'assemblée. Longtemps les cris de : Vive l'Empereur! se font entendre avec énergie. Un grand nombre de députés élèvent leurs chapeaux en répétant cette acclamation. Boulay (de la Meurthe) parle ensuite : « Je veux aller plus « loin *et mettre le doigt sur la plaie! Il existe une fac« tion d'Orléans*..... Je demande que l'Assemblée dé« clare et proclame qu'elle reconnaît Napoléon II. » M. Dupin aîné parle contre cette proposition : « C'est, « dit-il, au nom de la nation qu'on se battra, *qu'on « négociera*, c'est d'elle qu'on doit attendre le choix du « souverain... »

Après un discours de Manuel, la délibération suivante est acceptée :

« La Chambre des représentants, délibérant sur les « diverses propositions faites dans sa séance et mention« nées dans son procès-verbal, passe à l'ordre du jour « motivé :

« 1° Sur ce que Napoléon II est devenu empereur des « Français par le fait de l'abdication de Napoléon Ier, « et par la force des Constitutions de l'Empire... La pro« position est unanimement appuyée. De toute part on

c'est la trahison qui empêcha la victoire de Ligny d'être aussi décisive que celle d'Iéna, et qu'à Waterloo, sans la trahison, nous aurions été complètement vainqueurs. Ces trahisons se faisaient en faveur du duc d'Orléans.

« demande à aller aux voix. On demande à grands cris « la clôture de la discussion, et elle est fermée à l'unanimité. M. le Président donne lecture de la délibération « proposée. Il la met aux voix. L'Assemblée se lève tout « entière. — M. le Président : La proposition est adoptée. — A ce mot, le cri de Vive l'Empereur ! éclate à « la fois dans l'Assemblée et les tribunes. Ce cri se prolonge au milieu des plus vifs applaudissements. » (*Moniteur du 24 juin* 1815.)

La Chambre des pairs adopta à l'unanimité la même proposition.

Le règne de Napoléon II ne cessa que le 8 juillet, lorsque les ennemis de la France (voir le supplément au *Moniteur* du 7 juillet) eurent mis sur le trône, à la place de la dynastie nationale, de la dynastie des vilains, la dynastie des gentilshommes, la dynastie féodale.

Vingt jours seulement avant cette séance du 23 juin, la nation avait positivement fait connaître qui elle voulait pour souverain, en acceptant les Constitutions de l'Empire par quatre millions de suffrages contre huit mille opposants.

Un article de ces Constitutions défendait à l'Empereur et à toute autre personne de proposer le retour des Bourbons. Cette défense faite par la nation à l'Empereur était la preuve la plus éclatante que c'était le peuple qui était souverain, qui était maître.

La captivité à Sainte-Hélène de l'empereur des roturiers, loin d'avoir jeté de la déconsidération sur le nom de Bonaparte, de Napoléon, loin d'avoir ôté à ce nom le prestige si nécessaire au chef de la France, et que ne peut plus avoir le nom des Bourbons après la manière dont quatre fois ils ont été chassés par les Français ; cette captivité, dis-je, n'a pu que rehausser encore plus ce nom de Napoléon, par l'héroïsme sublime avec lequel notre grand Empereur a supporté des malheurs inouïs, a supporté sa passion sur ce calvaire entouré de mers, et qui est maintenant un lieu saint, sacré pour tous les peuples de la terre. Les six millions de suffrages donnés à son héritier, le 10 décembre 1848, ont bien prouvé que le nom de Bonaparte, de Napoléon, est toujours grand comme le monde, a toujours une immense influence morale, influence qui peut seule contrebalancer et vaincre les funestes maximes des intérêts matériels prêchées par les socialistes, maximes funestes aux riches, mais encore plus au peuple travailleur, qui forme la très-grande majorité de la nation, et qu'on plongerait dans la misère comme après la révolution de février.

NAPOLÉON III.

Au mois de mars 1815, la France, par un mouvement spontané, chasse les Bourbons et rend le pouvoir à Napoléon Ier. Par un acte réfléchi elle le lui confère de nouveau en acceptant, le 1er juin, par le suffrage universel, et à une immense majorité, l'acte additionnel aux constitutions de l'Empire, dont le dernier article défend, même à l'Empereur, de proposer le rétablissement des Bourbons.

Le marquis de Lafayette, le principal agent de la faction d'Orléans, quoiqu'il n'y eût, sur six cent cinquante députés, que quinze à vingt de son opinion (il en convient lui-même dans ses Mémoires), profite de la stupeur où la défaite de Waterloo avait jeté le Corps Législatif pour proposer des mesures qui amènent l'abdication de Napoléon Ier, mais seulement en faveur de son fils. Le lendemain, la représentation nationale, se souvenant de la volonté de la France, proclame que « Napoléon II est « devenu empereur des Français par le fait de l'abdica- « tion de Napoléon Ier, et par la force des constitutions « de l'Empire. » (*Moniteur* du 24 juin 1815.)

Napoléon II était entre les mains de nos ennemis. Il y avait un gouvernement provisoire, qui adressa aux deux Chambres, le 6 juillet 1815, un message ainsi conçu :

« Jusqu'ici nous avons dû croire que les intentions des « souverains alliés n'étaient point unanimes sur le choix « du prince qui doit régner en France ; nos plénipo- « tentiaires nous ont donné la même assurance à leur « retour.

« Cependant les ministres et les généraux des puissances « alliées ont déclaré hier, dans les conférences qu'ils ont « eues avec le président de la commission, *que tous les* « *souverains s'étaient engagés à replacer Louis XVIII* « *sur le trône*, et qu'il doit faire ce soir ou demain son « entrée dans la capitale.

« Les troupes étrangères viennent d'occuper les Tuile- « ries, où siège le gouvernement.

« Dans cet état de choses, nous ne pouvons plus faire « que des vœux pour la patrie ; et nos délibérations « n'étant plus libres, nous croyons devoir nous sépa-« rer. » (Supplément au *Moniteur* du 7 juillet 1815.)

Ce supplément a été publié sous les Bourbons, ce qui prouve qu'ils tenaient infiniment à ce qu'on sût qu'ils avaient été replacés sur le trône, non point par les Français, mais par les ennemis de la France. Ils voulaient que nous eussions toujours suspendue sur notre tête la menace que, si nous les chassions une troisième fois, l'Europe entière viendrait une troisième fois les hisser sur le trône. Cette menace fut corroborée par une forte armée ennemie qui, pendant plusieurs années, occupa militairement la France.

Un article du traité de paix de 1815 ne nous défendait point de remplacer la branche aînée des Bourbons par la branche cadette, ou par la république, ou par un prince étranger ; mais ce que l'Europe nous défendait impérieusement, c'était de rétablir l'Empire.

Que penserait-on, mes amis, d'un individu qui se soumettrait continuellement à la défense qu'une personne lui aurait faite de conserver ou de reprendre pour son homme de confiance celui qu'il voulait, et de le remplacer par quelqu'un que cette personne lui imposerait d'abord, en lui laissant cependant la faculté d'en choisir un autre, pourvu que ce ne soit pas celui qu'elle lui a ôté ? Tout homme ayant du sang dans les veines s'écrierait : « Cet individu est un lâche, puisqu'il n'ose pas être maître chez lui, puisqu'il se laisse faire la loi dans sa propre maison ; c'est un être méprisable, s'il ne cherche pas et ne parvient point à briser le joug dont on l'a flétri ! »

Ce qu'on dirait d'un individu s'applique également à une nation, pour laquelle il n'y a rien de déshonorant à renoncer à ce que la victoire lui avait donné, lorsque la victoire a passé du côté de ses ennemis. Mais tant que cet article du traité de 1815 existait, il couvrait de honte la France, lui ôtait son honneur, son indépendance nationale, qui veut que chaque peuple soit maître chez lui, que les étrangers ne puissent point se mêler de ses affaires intérieures. Le peuple français comprenait très-bien cela. Aussi, lorsque de fréquentes émeutes, qui ont produit deux révolutions, ont déblayé le terrain à l'intérieur, il a regardé fièrement l'Europe, une main sur la garde de son épée; il a posé, de l'autre main, la couronne impériale sur le front de celui que deux héroïques tentatives lui avaient désigné comme le chef de la dynastie nationale, et il l'a nommé Napoléon III, pour prouver que le fils de Napoléon Ier, en faveur duquel il avait abdiqué, et que les Chambres représentatives avaient proclamé, était bien Napoléon II, que l'Europe le voulût ou non, et en même temps pour effacer ce nom tudesque de duc de Reichstadt, sous lequel nos anciens ennemis pensaient le rendre méconnaissable.

Napoléon III, lui aussi, comprenait très-bien que ce flétrissant article du traité de 1815 ne pouvait être déchiré en mille morceaux que par le retour à l'Empire ; mais comme cela le regardait particulièrement, il se borna, dans ses tentatives de Strasbourg et de Boulogne, à vouloir rendre à la France sa souveraineté, qui n'existait plus depuis **1815**; à vouloir que la France fût maîtresse chez elle et pût librement faire connaître sa volonté sur la république ou la monarchie, et, si c'était la monarchie, sur la royauté ou l'Empire.

Napoléon III connaissait trop les sentiments qui animaient les Français pour n'être point certain qu'ils répondraient comme l'exigeaient impérieusement l'honneur national, l'amour de la patrie et de son indépendance, et que le peuple français s'écrierait d'une voix à faire trembler l'Europe : « Je veux l'Empire! » L'Empire a été fait, et reconnu par toute l'Europe qui avait entendu la formidable voix de la France.

Il faut, mes amis, que je défende en passant les paysans, les ouvriers, les militaires de tous grades, des reproches que les faiseurs de belles phrases leur ont adressés. Ils ont prétendu que cet immense courant qui avait porté ces trois classes vers Louis-Napoléon était du fétichisme, que l'intelligence n'y avait aucune part, et qu'elles croyaient qu'un jeune homme était un vieillard de quatre-vingts ans. Sans doute un écervelé d'un extrême courage militaire et civil aurait pu faire les tentatives de Strasbourg et de Boulogne; mais cet écervelé n'aurait point eu assez de génie et de jugement pour composer les ouvrages faits par Louis-Napoléon. Bien plus d'hommes du peuple qu'on ne le croit avaient lu au moins quelques passages de ces ouvrages, et, en outre, des hommes obscurs, mais ayant le goût et le temps de lire, les avaient lus au moins en partie, et les avaient fait connaître au cercle des travailleurs qui leur accordaient leur confiance. Ces hommes obscurs résumaient dans une courte phrase ce qu'on devait penser des ouvrages de Louis-Napoléon, et disaient qu'on pourrait croire qu'ils sont écrits par l'Empereur lui-même. Certes, le peuple aurait été bien pardonnable de croire à la métempsychose, et que l'âme de Napoléon Ier était passée dans le corps de son héritier.

C'est en combinant ces deux choses : 1° les entreprises de Strasbourg et de Boulogne, 2° les écrits de Louis-Napoléon, que le peuple a vu que ce prince avait le cœur, l'intelligence, le courage de son oncle : le cœur, pour aimer très-vivement les paysans, les ouvriers, les militaires de tous grades ; le courage civil, si rare en France, pour exécuter froidement, mais audacieusement, ce que sa haute intelligence lui disait qu'il fallait faire pour arracher la France à l'anarchie où la plongeait la république, et pour lacérer en morceaux imperceptibles l'ignominieux article du traité de 1815.

Mes amis, pour bien éclaircir les questions politiques, il n'y a rien de tel que d'en faire l'épreuve comme si ces questions s'appliquaient à de simples particuliers. Supposons donc un propriétaire qui a chargé quelques hommes de rédiger un acte pour partager l'administration de ses biens entre deux personnes auxquelles il veut accorder sa confiance. Les mandataires ne soumettent point à la sanction du propriétaire l'acte qu'ils ont fait, et qui contient des clauses devant nécessairement occasionner une lutte entre les deux hommes de confiance. L'un des deux est, comme nous disons familièrement, un très-mauvais coucheur, voulant tirer toute la couverture à lui, et même voulant mettre son confrère à la porte et lui faire pis. Ce confrère, qui est un homme de cœur, ne veut point se laisser faire la loi et se départir des droits qu'il tient de l'acte dont j'ai parlé. Il voit que de jour en jour les intérêts du propriétaire souffrent de ces disputes, et que bientôt ils en souffriront bien davantage; pour y mettre un terme, il dit à son confrère : « Le propriétaire seul peut nous mettre d'accord, allons le trouver.» Mais sa proposition n'est point acceptée. Alors il prend une courageuse résolution, il met le récalcitrant à la porte. Il paraît devant le propriétaire, et lui dit : « Maître, vous avez deux hommes de confiance qui ne peuvent plus vivre ensemble; votre intérêt exige que vous vous prononciez sur l'acte qui a fait naître nos dissensions, et que vous choisissiez entre nous deux. Est-ce lui que vous voulez pour votre gérant, ou bien est-ce moi ? » Le maître alors lui répond avec une très-affectueuse effusion : « J'ai suivi vos débats, et ils m'ont prouvé que vous êtes digne d'être mon représentant; c'est vous que je veux, et bientôt je vous donnerai des preuves très-positives de mon extrême confiance en vous. »

Mes amis, dans la vie civile, quelqu'un blâmerait-il cet homme de confiance d'être venu trouver le maître? Tout le monde ne dirait-il pas qu'il n'y avait que ce seul parti à prendre pour un bon serviteur, qui avant tout doit faire passer les intérêts du maître? Ces paroles que la vérité arracherait de la bouche de tout le monde s'appliquent, on ne peut plus justement, au coup d'Etat du 2 décembre 1851.

La constitution de 48 ne fut point soumise à l'acceptation du peuple français. Elle disait, dans son article 32 : « L'Assemblée Nationale... fixe l'importance des forces

« militaires établies pour sa sûreté, *et elle en dispose.* »

L'article 50, à son tour, disait : « Le Président *dispose* « *de la force armée*, sans pouvoir jamais la commander « en personne. »

Ainsi cette constitution accordait tour à tour la disposition de la force armée à deux pouvoirs, que cela seul devait mettre en lutte.

C'est en vertu de cet article 32 que l'Assemblée Législative voulait attirer à elle toute la force armée, la commander réellement seule, et cela sous le prétexte qu'elle était nécessaire à sa sûreté. Le Président, de son côté, se tenant ferme sur l'article 50, défendait vigoureusement les droits qu'il tenait de cet article. La dispute s'envenimait de jour en jour, et devint telle qu'il n'y avait plus que deux choses possibles : ou la guerre civile, ou faire un appel au peuple français, pour connaître sa volonté et savoir s'il voulait cette constitution à deux faces opposées, s'il voulait Louis-Napoléon ou le Corps législatif.

Du reste, la France avait montré très-clairement qu'elle ne voulait point cette constitution ni la république, en écartant tous les candidats républicains, et en portant au pouvoir l'héritier du destructeur de la première république.

On ne pourra point dire, cette fois-ci, que celui qui est au pouvoir se fait toujours élire lorsqu'il le veut. Le général Cavaignac était le chef du gouvernement, il avait un pouvoir presque dictatorial, et, dans l'intérêt de sa candidature, il fit ce que n'auraient jamais osé faire Louis XIV et Napoléon Ier, qui cependant n'y allaient pas de main morte : il arrêta le départ de toutes les malles-postes, et cela dans un temps de révolution ! semant ainsi le trouble, les angoisses, les plus vives appréhensions dans toute la France, et jetant la perturbation dans les affaires commerciales : on sait que les négociants de tous genres ne font venir ce qu'ils ont besoin pour payer leurs billets que le jour de l'échéance.

On a répété bien souvent qu'en France le ridicule tue ; mais il ne tue que ceux qui sont ridicules. La preuve en est dans cet énorme amas de caricatures, de pamphlets dénigrants, de diatribes, de quolibets sous lesquels on pensait ensevelir, à une très-grande profondeur, Louis-Napoléon. Des personnes s'y laissèrent prendre, mais non point parmi le peuple : il comprenait très-bien que celui qui avait deux fois présenté sa poitrine aux balles, porté deux fois sa tête à l'échafaud, et qui avait écrit les *Idées Napoléoniennes*, était un homme d'un extrême courage et d'une très-haute intelligence, était un homme très-supérieur, et non point un être ridicule.

Une constitution, mes amis, se concentre dans un seul article, dans celui disant clairement, formellement, à qui appartient la souveraineté ; ce n'est réellement qu'à cet article seul qu'on peut prêter serment, le bon sens l'indique, puisque lui seul est immuable et que tous les autres ont pu être rédigés d'une autre manière ou peuvent être changés. Le bon sens dit aussi que, dans une nation, on ne peut point espérer que tous ceux qui la composent voudront la même chose ; l'unanimité est donc impossible. La volonté nationale, la souveraineté de la nation, ne peut donc pas être autre chose que la volonté exprimée par la majorité des citoyens. En 1851, cette majorité avait très-positivement fait connaître son opinion :

1° Par plusieurs millions de citoyens donnant leur nom et leur adresse, et demandant la révision de la constitution ;

2° Par la presque unanimité des membres des conseils municipaux et généraux, nommés par le suffrage universel, et qui faisaient la même demande ;

3° Et enfin par la grande majorité, quoique n'allant pas aux trois quarts des voix, que la proposition de réviser la constitution avait obtenue dans la Chambre Législative.

Il était donc évident qu'une minorité voulait usurper la souveraineté nationale, qui, d'après la constitution, ne pouvait résider que dans la majorité des citoyens. Ainsi Louis-Napoléon, en faisant le coup d'État du 2 décembre, loin d'avoir détruit la constitution, l'a conservée, au contraire, en sauvant des griffes d'une minorité la souveraineté du peuple proclamée par cette constitution.

Les républicains savaient si bien qu'ils n'étaient qu'une minorité, qu'ils avaient dit souvent que le suffrage universel n'avait point le droit de détruire la république, c'est-à-dire que la nation, qu'elle le voulût ou non, devait s'aplatir sous le joug qui la rendait malheureuse, sous le joug de la république, cette nouvelle forme de droit divin.

Une constitution n'existe réellement que si, avant tout, elle organise le peuple pour qui elle est faite de manière à ce qu'il ait toutes les chances possibles de conserver son indépendance nationale, sans laquelle il n'y a pour lui ni bonheur ni honneur. La Pologne est là pour le prouver.

Cet axiome est surtout applicable à la France, entourée de formidables voisins qui, si souvent, se sont coalisés pour la conquérir.

Les anciens ennemis de notre patrie, qui pouvaient le redevenir d'un jour à l'autre, auraient été chargés de nous rédiger une constitution, qu'ils n'auraient point pu en faire une qui leur donnât les moyens de démembrer la France et d'en faire une Pologne, plus que ne le faisait la constitution de 48.

Chez tous les peuples, à toutes les époques, l'expérience a prouvé combien les forces morales et matérielles d'une armée sont augmentées par la présence du chef de l'État, qui, à l'instant même, peut récompenser, punir, et ordonner tout ce qui peut assurer la victoire. La même expérience a prouvé aussi que, pour être vainqueur, il ne faut point que la main donnant l'impulsion soit changée, et cela peut-être au moment où les ennemis envahissent la patrie. Aussi ceux qui, sans le vouloir, j'en suis persuadé, avaient travaillé pour les ennemis de la France, eurent le soin d'insérer dans cette constitution de 48 que le chef de l'État ne pourrait ni commander les armées, ni être réélu.

Aux États-Unis d'Amérique, qui cependant n'ont aucun voisin pouvant menacer leur indépendance nationale, le président peut être indéfiniment réélu, et peut commander en personne les armées de terre et de mer et les gardes nationales appelées milices.

Cette constitution de 48, destructive de l'indépendance

nationale, rendait en outre la guerre civile inévitable, par l'antagonisme qu'elle avait créé entre tous les pouvoirs, et auquel la force seule pouvait remédier.

Pour conserver à la France son indépendance nationale, pour la préserver de la guerre civile et de l'anarchie, et pour lui conserver sa souveraineté que voulait lui ravir une faible minorité, formée de trois factions ennemies les unes des autres, il fallait donc, de toute nécessité, que cette prétendue constitution de 48 fût anéantie : le coup d'État du 2 décembre était donc indispensable.

Après que Louis-Napoléon, avec tant de courage et de génie, eut détruit la cause de nos maux, que pouvait-il faire de plus rationnel, de plus logique, que de rétablir les constitutions de l'Empire? Elles étaient l'œuvre de cet immense génie dont les créations civiles, financières, administratives, religieuses, universitaires, avaient résisté à tous les efforts faits par nos ennemis extérieurs et intérieurs pour les détruire.

La preuve que l'organisation politique de l'Empire était conforme aux mœurs, à l'esprit, aux sentiments, aux désirs de la France, existait dans ce profond attachement que le peuple conservait pour Napoléon Ier, et qu'il manifesta, aussitôt qu'il fut libre de le faire, en nommant pour son chef celui que les constitutions de l'Empire lui désignaient pour l'héritier du trône impérial.

Il est impossible qu'un gouvernement, quel qu'il soit, ne cherche point à obtenir des électeurs un Corps législatif qui lui soit favorable. Le gouvernement des trois Bourbons et celui des puissances étrangères où il y a des élections, ont mis ou mettent en usage tous les moyens d'intrigue, d'intimidation, de promesses de places, d'argent, etc., qui peuvent avoir prise sur les électeurs. Mais ces moyens, qui ont des chances de réussite dans les pays où le suffrage est restreint et n'appartient qu'à des censitaires, n'ont aucune espèce d'influence là où tous les citoyens sont électeurs. Quelle immense quantité de places, de trésors ne faudrait-il pas pour corrompre un corps électoral formé par le suffrage universel, et composé de plus de dix millions d'électeurs nommant au scrutin secret ! Comment connaître, sur un si grand nombre votant secrètement, si ceux qu'on a achetés tiennent leurs promesses ? En Angleterre on le peut, parce que le suffrage universel n'y existe point, et que les électeurs votent à visage découvert : aussi, c'est par excellence le pays de la corruption électorale.

On dit, et avec raison, que la liberté de la presse est un quatrième pouvoir ; mais dans une nation comme la France, qui, depuis soixante-huit ans, a vu tant de révolutions, peut-il y exister un pouvoir indépendant, un pouvoir qui ne soit point sous la main du chef de l'Etat, un pouvoir dont le premier venu, un forçat libéré par exemple, peut se faire membre ?

L'Empereur a le droit constitutionnel d'en appeler au souverain, à la nation contre le Corps Législatif et le Sénat, s'ils voulaient sortir des limites que leur a tracées la constitution, et il serait désarmé devant ce quatrième pouvoir qui se crée et se nomme lui-même !

L'Empereur, pendant la dictature qu'il tenait de la nation, a organisé la presse, et les élections qui ont eu lieu depuis le 2 décembre prouvent que cette organisation est conforme aux sentiments de l'immense majorité des Français, qui ne veulent point qu'une faible minorité vienne les tourmenter, les harceler, les piquer à coups d'épingles, en un mot, mes amis, viennent leur échauffer la bile et leur donner la tentation de les écraser, comme on écrase un insecte malfaisant qui vous pique.

On dit aussi que la liberté de la presse est utile au Gouvernement, parce qu'elle lui fait connaître l'opinion publique ; mais, sans le secours de cette arme si dangereuse pour un pays qui n'a point de limites naturelles, et qui renferme dans son sein trois factions ennemies de la volonté nationale, Napoléon III a su trouver le véritable moyen de connaître réellement l'opinion publique. Visière haute, franchement, carrément, il se présente devant le suffrage universel, et lui dit : Voici le candidat que je désire voir nommer, parce que c'est celui qui, selon moi, peut le mieux m'aider à faire le bonheur du peuple : que les électeurs qui reconnaissent les efforts incessants que je fais pour le véritable bonheur de la France et pour son honneur, votent pour mes candidats.

Sa voix sera de nouveau entendue ; la France reconnaissante, et qui sait, en outre, que c'est le meilleur moyen de conserver la paix à l'extérieur et à l'intérieur, lui donnera, dans les prochaines élections générales, l'immense majorité qu'il a obtenue dans celles faites depuis février 48.

TREIZIÈME ENTRETIEN.

Mes amis, nous allons aujourd'hui résumer succinctement ce que nous avons dit dans nos précédents entretiens, en y joignant de nouvelles observations.

Et d'abord, rappelons les deux principes fondamentaux convenus entre nous, dont le premier est formulé ainsi :

Etre aussi heureux que possible dans ce monde, tout en se conduisant de manière à mériter dans l'autre un bonheur éternel; voilà le but que tout homme raisonnable doit chercher à atteindre.

Le second est : Que le meilleur Gouvernement est celui qui rend la grande majorité d'une nation aussi heureuse que cela est possible.

On peut poser en outre cet autre axiome : c'est qu'il n'y a que la majorité d'un peuple qui puisse vouloir l'égalité politique. Il faut, nécessairement, à une minorité des lois d'exception; sans cela, elle cesserait bien vite d'exister. Le peuple, pendant les premiers mois qui suivirent la révolution de 48, avait consenti à supporter la république; mais lorsque cette seconde expérience lui eut démontré que la république conduisait de toute nécessité à la guerre civile et à l'anarchie, la grande majorité de la nation n'en voulut plus, et elle fit connaître sa volonté d'abord au 10 décembre 48, et définitivement en 1852. Cette majorité, pour son bonheur, veut tous les principes de 89, et l'un de ces principes est la monarchie héréditaire.

M. Guizot a dit qu'il n'y avait d'autre souveraineté que celle de la raison; mais entend-il la raison de la même manière que le citoyen Ledru-Rolin, celui-ci de la même manière que M. de Lamartine, etc., etc.? Sous un autre nom, ce serait créer des factions opposées qui conduiraient toujours à l'anarchie et à la guerre civile.

Il ne peut y avoir qu'une seule souveraineté, celle du nombre; c'est la seule qu'on puisse constater. Du reste, les proverbes sont la sagesse des nations, l'expression de la vérité que l'expérience de tous les temps et de tous les pays a fait reconnaître, et l'un de ces proverbes dit: « *La « voix du peuple est la voix de Dieu.* »

Dans cette recherche que nous avons faite ensemble du meilleur gouvernement, les faits nous ont prouvé que c'est le gouvernement monarchique héréditaire qui rend le peuple le plus heureux, et que c'est aussi celui que le peuple a toujours préféré, et qu'il a toujours cherché à rétablir lorsqu'il n'existait plus.

Les faits sur lesquels tous les anciens historiens sont d'accord, nous ont démontré que pendant plus de neuf cents ans que le gouvernement d'Athènes fut une monarchie héréditaire, le peuple y fut heureux d'abord, ensuite très-heureux, et qu'il devint excessivement malheureux sous la république aristocratique, et malheureux sous la république démocratique qui fit perdre aux Athéniens leur indépendance nationale et les précipita sous le joug des étrangers. Le peuple athénien avait deux fois rétabli la monarchie depuis que les nobles et les riches l'avaient abolie : la première fois sous la république aristocratique, en faveur de Pisistrate et de ses fils, et la seconde fois sous la république démocratique, en élevant au pouvoir souverain Périclès, qui régna quarante ans et mourut sans enfants.

Le peuple, dans les autres républiques de la Grèce, éprouva exactement le même sort que le peuple athénien.

Sparte ayant eu continuellement des rois héréditaires, le peuple y fut toujours pour le moins heureux, mais le plus souvent très-heureux.

La république aristocratique de Carthage rendit le peuple très-malheureux; mais à peine devint-elle une république démocratique, que ses dissensions intérieures la livrèrent aux Romains, qui détruisirent Carthage de fond en comble, égorgèrent ses habitants ou les réduisirent en esclavage.

Pendant les deux siècles et demi que Rome eut des rois, ses habitants, aussi bien le peuple que les nobles, y furent très-heureux ; mais à peine la république fut-elle proclamée, que les dissensions, les émeutes, les guerres civiles éclatèrent.

Rome ne fut jamais une république démocratique, et pendant les cinq siècles que dura la république aristocratique, le peuple fut très-malheureux. A Rome, comme en France avant 89, il y eut des roturiers qui passèrent dans la classe aristocratique sous le nom d'anoblis, mais les deux classes de *peuple* et de *nobles* existèrent toujours; la ligne de démarcation qui les séparait fut toujours maintenue jusqu'au moment où Jules-César devint le maître et établit l'égalité politique.

Son héritier proclama l'Empire, qui dura cinq à six siècles. Le peuple, sous les plus mauvais empereurs, fut cependant plus heureux qu'il ne l'avait été dans les temps les plus prospères de la république.

Dans les républiques italiennes du moyen âge, le peuple fut excessivement malheureux, et elles tombèrent bien vite sous le joug des étrangers.

Dans la république hollandaise, le peuple, pour se soustraire au malheur qui l'accablait, a souvent rétabli la monarchie, qui est devenue son gouvernement définitif.

La république démocratique rendit les Anglais tellement malheureux, que, trois ans après qu'ils l'eurent proclamée, ils rétablirent la monarchie héréditaire en faveur de Cromwell et de sa postérité; mais son fils, ennuyé du pouvoir, aima mieux le quitter que de le conserver. Les Stuarts, qui étaient les Bourbons de l'Angleterre, furent rétablis; mais, au bout de vingt-huit ans, les Anglais les chassèrent de nouveau et établirent une nouvelle dynastie.

La Pologne, qui s'intitulait république, n'existe plus comme nation.

La première république française, pendant les sept ans de son existence, a eu continuellement dans son sein la guerre civile et d'atroces assassinats politiques. Bonaparte, élevé au pouvoir, a pu seul mettre un terme à toutes ces horreurs, qui rendaient le peuple très-malheureux.

Avec la seconde république, la misère pour le peuple et la guerre civile ont reparu, et rendu de nouveau indispensable un second consulat et le rétablissement de l'Empire.

La république des États-Unis d'Amérique n'est point une république démocratique; c'est pour cela que les démocrates français n'ont point voulu, en 1792 et 1848, une constitution qui ressemblât à celle de cette nation.

Dans plusieurs parties de cette république, les lois féodales sur le droit d'aînesse, les substitutions, etc., etc., existent encore, et presque partout ses lois civiles sont celles de l'Angleterre, qui sont faites en faveur des riches et contre le peuple.

En 1812, pendant qu'une armée anglaise envahissait le territoire des Etats-Unis d'Amérique, deux des Etats qui composent cette république refusèrent d'obéir à son président et d'envoyer leurs milices au secours de la mère-patrie : les autres Etats vainquirent sans eux cette armée ennemie qui était faible, et qui ne pouvait recevoir que par mer des renforts obligés de partir de quinze cents lieues.

Supposons, mes amis, la république des Etats-Unis d'Amérique ayant tout près d'elle de puissantes nations comme l'Allemagne, l'Autriche, la Prusse, la Russie et l'Angleterre, qui se seraient souvent coalisées contre elle ; servons-nous de notre bon sens pour voir si cette république ne serait pas obligée de donner un bien plus grand pouvoir à son président, ce qui conduirait bien vite à la monarchie héréditaire, dont la première obligation serait de former un seul peuple de ces divers Etats, qui, tous, ont leurs lois particulières et souvent opposées entre elles. Si cette république ne prenait pas ce parti, elle éprouverait bientôt le sort de la Pologne.

Notre jugement, mes amis, qu'aucun intérêt particulier n'aveugle, nous fait très-bien concevoir que, pour donner à un peuple une constitution qui puisse durer, la chose la plus importante, à bien considérer, c'est la position géographique de ce peuple, la force et la proximité des nations qui peuvent l'envahir ; et nous comprenons que, d'après ces données, le gouvernement de ce peuple doit être plus ou moins fort, plus ou moins centralisé.

Ainsi la France, n'ayant point, comme l'Angleterre, de limites naturelles, et ayant à sa porte, on peut même dire chez elle, des puissances très-fortes souvent coalisées pour lui ravir le premier des biens, l'indépendance nationale, doit avoir un gouvernement très-fort, très-stable, un gouvernement comme celui que nous avons maintenant, où le chef héréditaire de l'Etat règne et gouverne.

Nous avons vu que cette faiblesse du gouvernement des Etats-Unis d'Amérique fait qu'il ne peut point garantir la vie, les propriétés, la sûreté des citoyens, qui sont presque toujours obligés d'être armés pour se protéger eux-mêmes. C'est en quelque sorte le système féodal du moyen âge, où les rois avaient si peu de pouvoir, et où il existait presque continuellement des guerres particulières.

En outre, l'esclavage existe toujours dans cette république, ainsi que l'affreuse loi de Lynch, qui permet à un rassemblement de quinze personnes de pendre ceux qu'il veut, même auraient-ils été acquittés par un jugement régulier, légal.

Les républiques de l'Amérique du Sud sont, depuis cinquante ans, continuellement tourmentées par de sanglantes guerres civiles, et la république du Mexique a déjà, plusieurs fois, été démembrée par son puissant voisin, la république des Etats-Unis. On voit que si les loups ne se mangent pas entre eux, il n'en est point de même des républiques.

Mes amis, nous devons ne pas oublier ce que les faits nous ont appris, c'est qu'au bout d'un certain temps, après des révolutions successives, qui rendent le peuple très-malheureux, toutes les républiques sont devenues des monarchies héréditaires.

La république des Etats-Unis d'Amérique est encore beaucoup trop jeune pour qu'on puisse la citer comme faisant exception à cette règle générale, d'autant plus qu'elle n'est point restée ce qu'elle était dans ses premières années, qu'elle a dévié de sa route primitive, et qu'elle est déjà en proie aux émeutes, à la guerre civile, à la soif de dominatiou et de conquêtes, à tous ces fléaux inséparables des républiques, et qui font que le peuple, pour s'y soustraire, établit la monarchie héréditaire.

La Belgique et la Suisse, n'ayant point à penser à leur indépendance nationale, parce que leur neutralité est garantie par toute l'Europe, leur gouvernement ne peut point servir d'exemple aux autres nations. Puisque le nom de la Suisse a été prononcé, les véritables Français devraient se souvenir continuellement que si la Suisse, comme c'était son devoir, avait voulu défendre sa neutralité, ses forces armées, appuyées par les nôtres, auraient empêché, en 1814 et 1815, l'envahissement de la France et les malheurs qui s'ensuivirent; mais la Suisse, au contraire, s'empressa de faciliter le passage, sur son territoire neutre, à nos ennemis qui vinrent nous prendre à revers.

Dans tous les pays où le gouvernement parlementaire existe, il y a une noblesse ayant des droits réels. Gouvernement parlementaire et noblesse, ou à sa place émeutes et révolutions, paraissent donc inséparables.

Dans cette Angleterre si vantée par nos Tartuffes de républicanisme, le système féodal y existe tel qu'il était en France avant la révolution de 89. Le sol y appartient en grande partie à la noblesse, qui le conserve par le droit d'aînesse et de substitution. Cette possession de la terre lui donne de très-nombreux clients, qui l'aident à tenir dans l'assujettissement le reste du peuple.

Nous venons de voir, mes amis, à Londres, en avril 1857, trente mille ouvriers mourant littéralement de faim, et ce Gouvernement si vanté n'a pu trouver d'autre moyen de soulager leur affreuse misère que de leur proposer d'aller mourir très-loin de leur patrie.

Dans les gouvernements parlementaires, ce sont les ministres qui règnent réellement; leur désunion, leur renversement causent donc, pour le moins, un malaise général, qui fait souffrir moralement et physiquement. Ces crises ministérielles se renouvellent souvent dans les gouvernements parlementaires: le mois d'avril vient d'en voir presque partout. En Angleterre, les ministres, ayant perdu la majorité dans la chambre des communes, se sont vu forcés à la dissoudre et à recourir à de nouvelles élections, ce qui est toujours un temps de troubles lorsqu'elles arrivent hors de l'époque fixée par la loi.

Les vrais Français doivent avoir toujours devant les yeux que le gouvernement parlementaire, dont les Bourbons ne voulaient pas, est un don de nos ennemis, un véritable cheval de Troie, et que les peuples ameutés contre nous qui nous l'imposèrent, voulant conserver leur force et leur puissance, se gardèrent bien de l'inaugurer chez eux.

Ils savaient bien que ce gouvernement parlementaire, placé dans le sein de la France comme un cancer dans l'estomac, serait pour elle une machine à sanglantes émeutes, à sanglantes révolutions; mais nos ennemis étaient bien loin de présumer que ce gouvernement parlementaire, qu'ils regardaient comme leur puissant auxiliaire contre nous, nous conduirait successivement à reprendre le gouvernement national qu'ils nous avaient formellement défendu de rétablir, le gouvernement entièrement selon les habitudes, les mœurs, les sentiments de l'immense majorité des Français, qui, avant tout, pense à l'indépendance nationale, et, pour qu'elle ne soit pas menacée, veut que son gouvernement soit celui de la force, celui où l'Empereur règne et gouverne.

Dans toutes les institutions humaines il y a le revers de la médaille, il y a des inconvénients. La sagesse, pour une nation, consiste à bien voir si les avantages ne surpassent pas les inconvénients. Ainsi les détracteurs de la monarchie héréditaire disent que le fils d'un grand homme peut être un imbécille ; cela est vrai, mais alors de deux choses l'une : ou il se trouvera dans la nation un homme supérieur qui deviendra le ministre tout puissant du chef de l'Etat, que celui-ci le veuille ou non, comme cela a eu lieu pour Richelieu sous Louis XIII, et pour Pitt le père et Pitt le fils sous Georges III, et alors la nation sera bien gouvernée ; ou bien si, comme sous Louis XV, cet homme politique d'un grand génie n'existe point chez cette nation, elle sera au moins préservée, par l'hérédité, des deux horribles fléaux, la guerre civile et l'anarchie, qui la frapperaient à coups redoublés, ainsi que cela est arrivé en Angleterre sous la république démocratique de 1649, et en France sous celles de 1792 et de 1848.

QUATORZIÈME ENTRETIEN.

Mes amis, dans cet entretien, qui sera le dernier de cette année, nous allons nous occuper de notre patrie, et voir froidement, sans nous laisser entraîner ni par la crainte ni par la vanité, quelle est sa position, comparée à celle des autres grandes puissances de l'Europe.

Une nation entourée de puissants voisins qui souvent, et longtemps, se sont coalisés contre elle, peut s'affaiblir de deux manières : ou en restant stationnaire tandis que ses voisins deviennent de plus en plus forts, ou en perdant elle-même de sa force.

Malheureusement pour la France, ces deux causes se réunissent pour l'affaiblir. Il ne faut point citer le présent, où un grand homme la soutient, l'élève. Mais les grands hommes sont un quine à la loterie ; il se passe souvent des centaines d'années sans qu'une nation en produise un seul. Depuis la mort de Colbert, en 1683, jusqu'en 1789, il n'y a point eu dans notre patrie un homme politique réellement supérieur.

MM. Thiers, Guizot et Molé, qui tour à tour se chassaient du ministère et prenaient la direction de notre patrie, étaient des hommes politiques de talent, de capacité, mais non point des hommes d'un grand génie. Aussi dans quel état d'avilissement était tombée la France! En 1840, il y eut une question d'Orient. Les puissances étrangères la réglèrent sans daigner demander à la France son avis. Louis-Philippe et son ministère s'agitèrent beaucoup, firent des phrases, décrétèrent des fortifications pour Paris, levèrent de nouveaux régiments, etc. Les étrangers ne firent que rire de toutes ces bravades; ils savaient que si la France renfermait toujours dans son sein de très-intrépides soldats, de très-bons généraux, elle ne possédait point alors un homme politique assez supérieur pour oser décréter la guerre.

Un an après, par dérision, les puissances étrangères laissèrent à Louis-Philippe la faculté de signer le protocole de ce qu'elles avaient fait et exécuté sans la participation de la France, comme on appelle souvent des personnes presque inconnues à signer le contrat d'un mariage auquel elles n'ont en rien contribué.

Il y a maintenant cent ans, au commencement de la guerre de 1757, la France égalait l'Angleterre en Amérique et dans les Indes. Depuis cette époque, l'Angleterre s'est enrichie de nos dépouilles et a fait de très-grandes conquêtes. A présent, ce que nous avons en Amérique, et surtout dans l'Inde, peut être compté pour rien, tandis que la puissance des Anglais y est immense.

En 1757, sur le continent, la France était plus forte que l'Autriche, la Prusse, l'Allemagne et la Russie, prises séparément. Maintenant, plusieurs de ces puissances, par les grandes acquisitions qu'elles ont faites depuis, sont matériellement plus fortes que nous, qui, loin d'acquérir, avons au contraire perdu sur le continent. L'Algérie, loin d'être une compensation aux pertes que nous avons faites, loin de pouvoir servir à la défense de la France si de nouvelles coalitions se formaient contre elle, nous nuirait au contraire par les forces de terre et de mer qu'il faudrait employer pour l'empêcher d'être prise.

L'Angleterre, si longtemps notre implacable ennemie, est devenue notre alliée, grâce à Napoléon III, qui a su la convaincre tout à la fois de la sincérité de ses promesses, de son génie, qui est au-dessus de toutes les circonstances, et de l'entier dévoûment de la France pour l'appuyer, autant que cela est possible, dans tout ce qu'il voudra entreprendre.

Il est du plus grand intérêt pour la France que la Méditerranée ne devienne point un lac russe. Pour l'Angleterre, il est aussi, par rapport à l'Inde surtout, d'un très-grand intérêt d'empêcher la Russie de s'étendre dans l'Orient. L'intérêt bien entendu de ces deux nations les a réunies contre leur ennemi commun. Cette alliance, sans nul doute, est très-sincère des deux côtés; aussi, pour le bonheur de tous les peuples, elle doit durer longtemps. Mais, quelque longue qu'elle soit, elle n'est qu'un accident dans la vie des deux nations.

Il en est d'un peuple comme d'un simple particulier. Pour conserver son indépendance on ne doit point compter sur les autres, mais seulement sur soi. — La France ne doit chercher qu'en elle-même la force de repousser de nouvelles coalitions, s'il s'en formait.

Si la Prusse, l'Allemagne et l'Autriche l'avaient voulu, la guerre de Russie n'aurait pas eu lieu. Mais, quoique leur intérêt demandât que nous fussions vainqueurs, pour que les portes du Danube restassent ouvertes, elles nous ont plutôt nui qu'aidés dans la lutte. Cela seul dit quels sont les sentiments de ces puissances à notre égard.

Pour compenser l'affaiblissement de la puissance matérielle de la France dans le monde entier depuis cent ans, et sur le continent depuis le partage de la Pologne et depuis 1814 et 1815, il faut que sa force morale augmente, pour ainsi dire, dans la même proportion que sa force matérielle a diminué.

C'est par l'union de tous les hommes nés en France, et qui ont du sang français dans les veines, que la force morale de notre patrie peut augmenter assez pour faire passer l'envie de nous attaquer à ceux de nos anciens ennemis qui voudraient le redevenir encore.

Chaque nation, ainsi que chaque individu, a reçu de la nature un caractère particulier qui perce à toutes les époques de son histoire. Le caractère de la France est malheureusement d'être trop chevaleresque, et de ne jamais suivre longtemps la même idée. C'est par la persévérance dans leurs projets primitifs que l'Angleterre, l'Autriche, la Prusse, la Russie ont augmenté leur puissance matérielle, tandis que la nôtre a diminué : ce qui ne veut point dire du tout que la France soit dans un état de décadence ; au contraire, les faits sont là, mes amis, pour prouver qu'en la considérant en elle-même, qu'en ne la comparant qu'avec elle seule, depuis le 2 décembre 1851 elle a beaucoup acquis en prospérité intérieure, en gloire et en puissance morale. Mais il est malheureusement certain aussi que, sous le rapport du territoire, et par conséquent de la population relative, notre force matérielle s'est affaiblie et n'est plus dans la même proportion qu'autrefois avec le territoire et la population de la Prusse, de l'Autriche et de la Russie.

C'est ce caractère chevalcresque qui nous porte à des entreprises qui seraient dans l'intérêt d'une autre nation, mais non point réellement dans le nôtre ni dans celui de la civilisation européenne. Pour faire renaître la Pologne, il faudrait arracher à la Prusse, à l'Autriche, à la Russie les parties de cette nation dont elles se sont emparé. Que de sang français versé pour y réussir! Et, en supposant qu'on y parvienne, la Pologne ne pourrait point faire davantage qu'autrefois, ne pourrait pas être réellement une solide barrière contre la Russie et les autres puissances du Nord. Et ensuite, qui nous dit que la Pologne serait reconnaissante de nos bienfaits, et que bientôt après elle ne marcherait pas avec le Nord contre nous? Les nations sont encore plus ingrates que les particuliers.

Au commencement du XVIIIe siècle, la France s'épuise d'hommes et d'argent pour maintenir l'intégrité de l'Espagne, pour empêcher qu'elle ne soit démembrée; et, six ans après, l'Espagne commençait à nous faire la guerre.

L'Italie délivrée par nous du joug à pointes aiguës de l'Autriche, l'Italie à qui nous avions donné en échange les principes de 89, se joint en 1814, pour nous arracher ces mêmes principes, à nos ennemis qui lui remettent le collier de force. Que ces exemples, et bien d'autres que je pourrais vous citer, servent de leçon aux vrais républicains, qui courent toujours après des chimères, tandis que les Tartuffes de leur opinion ne pensent qu'à des intérêts très-matériels.

Dieu a placé au centre occidental de l'Europe, pour lui conserver et accroître sa civilisation, un peuple doué de toutes les qualités nécessaires à cette noble et humaine mission, et il a donné à ce peuple des limites très-bien déterminées, pour lui indiquer qu'il ne serait réellement lui-même, qu'en allant jusqu'à ces limites-là, sans les dépasser.

Napoléon Ier disait encore au sénat en 1809, et il pensait ce qu'il disait, que la France ne devait pas aller plus loin que le Rhin ; mais l'année suivante, en voyant l'orage que nos ennemis préparaient en Russie, il fut contraint de dire : « Pour nous conserver, on nous force de conquérir. » Il savait que pour faire la paix il faudrait que toutes les puissances, y compris la France, fissent des sacrifices, et il ne voulait point abandonner les limites du Rhin ; pour les conserver il fallait donc les dépasser : nos ennemis de 92 nous y forçaient, en venant sans cesse nous attaquer pour nous arracher nos limites naturelles.

Des documents authentiques, officiels, que je rapporte dans mon Histoire de Napoléon Ier, fournissent la preuve de ce que je vous dis là ; et cependant, malgré l'évidence de la fausseté de leurs assertions, des écrivains français continuent à répéter que Napoléon Ier était un insatiable conquérant, qu'il attaquait sans cesse les autres nations qui ne demandaient pas mieux que de vivre en paix avec nous, en nous laissant nos limites naturelles.

Ces fausses allégations sont un encouragement donné à nos anciens ennemis pour qu'ils cherchent à profiter de toutes les occasions, afin de tenir la France dans un grand état de faiblesse, car ils peuvent dire que Napoléon Ier n'avait point la force de deux millions d'hommes pour entraîner les Français à la conquête de l'Europe, et que si nous l'avons si bien secondé, c'est parce que nous éprouvions, comme lui, une soif insatiable de conquêtes; que la France pourrait éprouver de nouveau cette frénésie belliqueuse, et que par conséquent les peuples qui en ont souffert pendant vingt-cinq ans ont le droit de tout faire pour empêcher le retour de nos désastreux envahissements.

Ce raisonnement serait très-juste; ainsi, ces écrivains, pour des motifs personnels, trahissent la vérité qu'ils ne peuvent point ignorer, et fournissent à nos anciens ennemis des armes contre leur patrie.

Pour reprendre nos limites naturelles, nous ne devons point déclarer la guerre à ceux qui s'en sont emparés; mais, si un jour ils recommencent à nous attaquer, s'ils forcent de nouveau la France à tirer l'épée, elle ne doit la remettre dans le fourreau que lorsqu'elle sera bien assise en Europe, que lorsqu'elle sera, matériellement, à la hauteur de chacune des puissances continentales. L'intérêt bien entendu de l'Angleterre est que la France soit assez forte pour empêcher, seule, les envahissements des peuples du Nord, et pour préserver la civilisation de leur atteinte.

Nous devrions avoir toujours présente à la pensée la Pologne, non pas pour vouloir ressusciter un mort, mais pour puiser dans son histoire de très-utiles enseignements. Ce sont ses dissensions dynastiques attisées par les étrangers, et surtout la faction qui court toujours après une liberté ne pouvant point, aussitôt qu'il y a deux hommes réunis, exister comme cette faction l'entend, qui sont les causes de l'anéantissement de la Pologne, qu'on appelait la France du Nord : avis à la France du centre.

Je sais que l'on dira que la France ne peut jamais être traitée comme la Pologne, dont les habitants, ainsi que les Français dans tous les temps, étaient cependant excessivement braves. Mais notre histoire est là pour nous fournir des exemples des funestes résultats que peuvent avoir nos dissensions intérieures. Sans elles, Jules-César, malgré tout son génie, cependant excessivement grand, ne nous aurait pas soumis aux Romains, qui nous ôtèrent notre nom de Français pour y substituer celui de Gaulois : il se servit des Français pour vaincre les Français. Ce fut la même cause qui fit que les Allemands s'emparèrent de la France, et peu à peu nous ravirent toutes nos propriétés, et nous réduisirent au plus honteux et atroce esclavage.

Dans les armées anglaises qui vainquirent la France à Crécy et Poitiers, leurs chefs étaient Anglais, mais les deux tiers au moins des officiers et des soldats étaient des Français.

En 1815, lorsqu'un maréchal de l'Empire fut parvenu à licencier l'armée française en présence de plus d'un million de soldats ennemis qui occupaient notre patrie, et cela avant le traité de paix, quelle force aurait pu empêcher ces ennemis de nous démembrer plus qu'ils ne l'ont fait? car nous avons perdu à cette époque une partie de notre territoire de 89, très-petite à la vérité; mais il faut se souvenir du proverbe : « Il n'y a que le premier pas qui coûte. »

La certitude que nos ennemis croyaient avoir que les Bourbons de la branche aînée ou cadette règneraient continuellement sur la France, et la maintiendraient toujours dans l'état d'abaissement où ils la plongeaient ; l'intérêt particulier de chacune des puissances coalisées qui ne leur permit pas de vouloir, ou de s'accorder sur un partage beaucoup plus grand de la France, voilà ce qui empêcha nos ennemis de nous arracher plusieurs de nos provinces, ainsi qu'ils en avaient eu d'abord l'intention.

La Prusse, l'Autriche et la Russie ont mis au moins cent ans à démembrer peu à peu la Pologne avant de lui donner le coup de grâce ; elle n'aurait pu se sauver de leurs griffes que par l'union patriotique de l'immense majorité de ses habitants; mais les factions dynastiques et la faction républicaine aimèrent mieux voir leur patrie sous le joug des ennemis, que de renoncer à faire prévaloir la volonté d'une très-faible minorité sur la volonté d'une très grande majorité.

Regarder froidement, véridiquement, mais très-intrépidement, avec des yeux d'aigle, les extrêmes dangers que courut la France en 1815 ; prévoir que dans un temps plus ou moins éloigné ils pourraient se renouveler ; chercher ce que l'on aurait dû faire en 1815 pour se préparer d'avance à le faire si les mêmes circonstances se présentaient, voilà les patriotiques préoccupations que doivent avoir tous les vrais Français, afin d'acquérir la présence d'esprit qui nous a manqué en 1815.

La présence d'esprit qu'on admire chez les grands hommes n'est presque toujours que le résultat de longues méditations qu'ils ont faites sur les évènements qui peuvent arriver, et sur ce qu'il faudrait faire pour y remédier ou en tirer un bon parti. Il faut qu'en France la génération présente et celles qui la suivront, acquièrent de cette manière la présence d'esprit plus nécessaire encore aux peuples qu'aux individus.

Si, en avril et mai 1815, nos ennemis n'avaient pas été certains que dans l'armée et le Corps Législatif il y aurait, comme en 1814, des trahisons qui détruiraient toutes les grandes combinaisons de l'Empereur, ils ne nous eussent pas attaqués, et peu à peu, par la seule force des choses, la France aurait repris ses limites naturelles, c'est-à-dire ce qui lui manque pour être réellement elle-même.

Lorsque, mes amis, on commençait à parler de la guerre de Russie, je me trouvais chez une personne avec un membre influent du parti républicain : nous eûmes une vive discussion. Il disait que le chef actuel de la France ne pouvait point faire la guerre, parce que, pour conserver le pouvoir, il lui fallait cent mille soldats à Paris, quatre-vingt mille à Lyon, cinquante mille à Bordeaux, etc., etc. Il distribuait ainsi tous les militaires dans la France, pour qu'elle ne pût point se soulever et proclamer cette république qui, deux fois, a rendu notre patrie si heureuse !

Les factions légitimiste et orléaniste en disaient autant de leur côté, en faveur de l'idole que chacune d'elles voudrait placer sur le trône.

Les espions de l'empereur Nicolas, comme ceux que les étrangers entretiennent continuellement chez nous, lui faisaient part du caquetage des factions ennemies de la volonté nationale ; factions toujours si promptes à s'aveugler ! La preuve que l'empereur de Russie croyait aux rapports de ses espions se trouve dans les confidences qu'il faisait à l'Angleterre, où il disait : « Nous n'avons point à nous occuper du numéro 3. » Par ce numéro 3, il désignait très-clairement Napoléon III, et montrait en même temps sa conviction que notre Empereur, très-embarrassé de se maintenir en France, ferait comme Louis-Philippe dans la question d'Orient de 1840, et n'oserait point envoyer un seul soldat au secours de la Turquie.

Sans cette croyance qu'avait Nicolas Ier dans ce que légitimistes, orléanistes, républicains disaient : qu'au premier coup de canon tiré Bonaparte serait renversé, c'est-à-dire qu'il y aurait en France de nouvelles révolutions, la guerre de Crimée n'aurait pas eu lieu. Cette guerre nous a été très-avantageuse sous le triple rapport de la gloire, de la sécurité de la Méditerranée, et de la démonstration, par les faits, que la France est toujours la patrie des braves et des très-bons généraux. Mais des malheurs accompagnent toujours la guerre la plus heureuse ; nous devons donc faire, pour conserver la paix, tout ce qui est compatible avec l'honneur et le bonheur de la France. Ces deux points, qui sont inséparables, peuvent faire que la France sera forcée, ainsi qu'elle l'a été de 1792 à 1815, à combattre de nouveau.

Les révolutions nuisent aussi au bonheur des peuples ; on doit donc les éviter lorsque l'honneur et la tranquillité publique n'ordonnent pas impérieusement de les faire : les révolutions de 1830 et de 1848 étaient indispensables. La France ne pouvait pas être tranquille tant qu'elle serait gouvernée par un Bourbon, par un membre de la dynastie féodale, et elle ne pouvait recouvrer son honneur et son indépendance nationale que le traité de 1815 lui avait fait perdre, qu'en renvoyant chez nos anciens ennemis les Bourbons, qui tous, aussi bien la branche cadette que la branche aînée, avaient été remontés sur le trône ou replacés sur ses marches par la trahison et la force des baïonnettes ennemies.

La république de 1848, comme celle de 1792, comme toutes les républiques démocratiques, nous conduisait à pas précipités vers l'anarchie de 1793 : le bonheur de la France exigeait donc impérieusement la révolution du 2 décembre 1851 ; révolution qui, en déchirant l'article flétrissant du traité de 1815, pouvait seule rendre à notre patrie son honneur et son indépendance nationale.

Il faut, mes amis, que l'expérience serve au peuple français pour éviter de nouvelles guerres et de nouvelles révolutions. Comme je vous l'ai déjà dit, et il faut bien se graver cela dans la mémoire : toutes les fois que la France avait la guerre et en même temps des assemblées parlantes, soit sous le nom d'états-généraux, de parlements, ou de sénat et de Corps Législatif, la minorité a toujours fait la loi à la majorité, et lui a fait prendre des mesures favorables à nos ennemis extérieurs. Ainsi, à la fin de 1813, dix membres au plus sur deux cent cinquante parvinrent à faire paraître le Corps Législatif comme opposé à ce que l'honneur et l'indépendance de la France exigeaient, et forcèrent l'Empereur à le dissoudre.

Ce fut en avril 1814, lorsque les ennemis étaient les maîtres dans Paris, que *la minorité du Sénat,* composée de légitimistes et de républicains, proclama la déchéance de l'Empereur, et rendit par là impossible toute résistance à nos ennemis.

En juin 1815, lorsque la défaite de Waterloo ordonnait à tous les Français, dignes de ce nom, de se réunir, de se serrer en masse contre nos ennemis de vingt-cinq ans, quinze à vingt députés tout au plus, légitimistes, orléanistes et républicains, font la loi à six cent trente députés, et, le 22 juin, au moment de la plus furieuse tempête, ils jettent le pilote à la mer.

Quelque soin que l'Empereur apporte dans le choix de ceux qu'il place au Sénat, quelle que soit l'attention patriotique apportée par le peuple pour ne nommer Députés au Corps Législatif que de vrais Français, il se trouvera toujours dans ces deux corps une minorité factieuse, composée de membres des trois factions ennemies de la volonté nationale ; elle voudra profiter des revers que pourront avoir nos armées pour faire des révolutions qui paralysent la France et la livrent, pieds et poings liés, comme en 1814 et en 1815, à ses ennemis extérieurs et intérieurs.

En 1815, les traîtres qui nous jetaient, désarmés, sous les pieds des ennemis, savaient fort bien que l'immense majorité des Français voulait la dynastie nationale ; aussi, ils eurent partout des émissaires qui disaient aux Français d'être sans inquiétude sur les évènements qui se passaient ; qu'à la vérité, il fallait sacrifier Napoléon Ier, mais qu'à ce prix les étrangers, instruits par la leçon du 20 mars, comprenaient que la France avait besoin de ses limites naturelles pour ne plus faire des mouvement qui ébranlaient le monde entier, et que les Bourbons ne pouvaient plus régner sur elle; que la dynastie impériale seule le pouvait; qu'aussi les étrangers étaient décidés à tenir leurs promesses de 1814 et 1815, et que nous aurions nos limites naturelles et la dynastie roturière; mais que, pour cela, il fallait être bien tranquille, ne point remuer; qu'autrement les étrangers croiraient que nous voulons plus que les deux points accordés, que nous voulons dominer l'Europe, et qu'alors, en vainqueurs irrités, ils useraient de tous les droits de la victoire.

La France crut à ces promesses fallacieuses; elle resta tranquille tout en criant : Vive l'Empereur! Et l'ignominie d'une seconde restauration et du traité de 1815 a pesé sur elle pendant trente-sept ans!

Si nous avions la guerre et des revers momentanés, comme auraient été ceux de 1815, les traîtres agiraient de même et tiendraient le même langage qu'à cette époque; mais une nation ne doit pas se laisser prendre deux fois aux mêmes pièges.

Pour les éviter, pour éviter la guerre et les révolutions dont les malheurs retombent en très-grande partie sur le peuple (les gens riches ou aisés se tirent presque toujours d'affaire), il faut que le peuple s'y prenne de manière que les étrangers et les légitimistes, orléanistes et républicains, qui, soit qu'ils le veuillent ou non, favorisent toujours l'asservissement de leur patrie, il faut, dis-je, que les étrangers et les trois factions intérieures soient bien convaincus que le peuple soutiendra d'une manière inébranlable, envers et contre tous, la dynastie impériale, à qui il a donné naissance, qui est réellement son enfant, et qu'il saura prendre les moyens nécessaires pour atteindre ce but ; qu'il voudra toujours ce que voudra l'Empereur, et qu'il ne voudra jamais que ce que l'Empereur voudra lui-même ; que si nos anciens ennemis nous attaquent de nouveau, et que ce soit la volonté de l'Empereur, lui, peuple, est entièrement disposé à faire tous les sacrifices possibles d'hommes et d'argent, pour ne poser les armes que quand la France aura ses limites naturelles.

Si les auxiliaires de nos ennemis, les trois factions légitimiste, orléaniste et républicaine, veulent essayer de faire une nouvelle révolution, lui, peuple, se lèvera en masse pour leur dire d'une manière très-frappante, ainsi qu'aux ennemis extérieurs : « Malheur à qui veut toucher à ma dynastie et troubler mon repos ! »

Aux factions légitimiste et orléaniste, il n'y a rien à dire : les gens qui les composent n'entendent point le français ; mais, dans la faction républicaine, au milieu de la tourbe qui ne parle de république que pour avoir des places et de l'argent, soit celui des caisses publiques ou des particuliers, il y a, à la vérité, en très-petit nombre, de vrais républicains, des patriotes, qui veulent, comme nous, l'honneur et l'indépendance de la France. Ce que je ne peux comprendre, c'est qu'ils ne sentent point que le cachet du vrai républicain est de se soumettre à la volonté de la majorité, surtout lorsqu'elle est si immense, lorsqu'elle est réellement l'expression de la volonté nationale.

Ensuite, comment ces vrais républicains ne voient-ils pas, avec les yeux de l'intelligence, que, d'après l'attitude des puissances du continent à l'époque de la guerre de Crimée, on peut présumer qu'un jour leurs sentiments de défiance, de jalousie, même de haine contre les idées françaises, se réveilleront, et qu'elles pourront former de nouvelles coalitions pour nous arracher, comme elles le voulaient en 92, les principes de 89, et nous démembrer plus qu'elles ne l'ont fait en 1815.

Mes amis, tous tant que nous sommes ici, nous connaissons de vrais républicains; faisons un appel à leur patriotisme, disons-leur : Les élections qui ont eu lieu depuis février 48 vous ont prouvé combien votre parti est faible, même en y comprenant les tartuffes de républicanisme, beaucoup plus nombreux que vous, et qui, si vous triomphiez, vous mettraient bien vite de côté pour établir l'anarchie.

Disons-leur : Vrais républicains! ne ressemblez pas aux Grecs du Bas-Empire, qui disputaient sur des mots pendant que les Turcs se préparaient à donner l'assaut à leur capitale et à les réduire en esclavage. Ne tournez pas vos yeux vers des chimères, qui partout, lorsqu'on a voulu les réaliser, ont fait le malheur du peuple et l'ont forcé bien vite de s'en débarrasser. Mais portez vos regards vers l'honneur et l'indépendance de la France; pénétrez-vous bien de l'idée que les puissances étrangères ne peuvent chercher de nouveau à nous ravir ces deux biens, qui sont la vie pour les nations, qu'autant qu'elles compteront que les factions ennemies de la volonté nationale leur fourniront, comme en 1814 et 1815, des traîtres qui paralyseront l'extrême bravoure des Français et leur ardent patriotisme.

Parler de patriotisme est, mes amis, pour certains Français, du plus complet ridicule. Ils veulent couvrir de risée, ils veulent flétrir ce mot de patriotisme en lui donnant le nom de chauvinisme : il faut être citoyen du monde.

Mais les vrais républicains ne rougissent pas d'aimer leur patrie, aussi ils entendront notre voix ; ils ne voudront pas commettre la même faute, ou plutôt le même crime que les républicains de la Pologne ; ils aimeront mieux retirer leur appui aux tartuffes de républicanisme, que de faire courir à la France le risque d'être démembrée de nouveau, mais cette fois-ci dans de grandes proportions, ou même de perdre entièrement son indépendance nationale, et d'être occupée, comme en 1815, par des armées ennemies vivant à nos dépens.

Il faut aussi que le haut négoce, que les commerçants, les fabricants et ceux qui les aident, enfin que tous les industriels, n'importe dans quel genre, ainsi que les artistes et tous ceux qui exercent les professions appelées libérales, se servent de leur jugement pour voir que leurs intérêts et ceux de leurs enfants auraient excessivement à souffrir, si à l'extérieur nous avions la guerre, et à l'intérieur des émeutes et des révolutions.

Qu'ils interrogent leur bon sens et leur patriotisme, et ils seront persuadés que le meilleur moyen d'éviter ces deux fléaux, c'est de se réunir franchement, dans toutes les occasions, au peuple qui, pendant trente à quarante années d'épreuves, a prouvé que ses sentiments pour l'honneur et l'indépendance de la France et pour la dynastie de Napoléon Ier, qui en est le seul palladium ; que ces sentiments, dis-je, si patriotiques, ne changeront point. Et tous, vrais républicains, industriels de toute sorte, paysans, ouvriers, militaires de tout grade, serrons-nous en masse autour de l'Empereur, montrons nos armes en très-bon état aux puissances étrangères, et, par notre patriotique énergie militaire, quoique pacifique, dégoûtons-les d'avance de l'envie de nous attaquer de nouveau et de l'espoir de parvenir, par la trahison, à replacer sur le trône l'une des deux branches de la dynastie féodale dont les membres, par la seule force des choses, ne peuvent jamais être que les préfets de nos ennemis.

Nos aïeux avaient une manière assez prompte de s'entendre d'un bout de la France à l'autre : nous devons la faire revivre. Il faut que tous ceux qui ont du sang français dans les veines, de proche en proche, de hameau en hameau, de village en village, de bourg en bourg, de ville en ville, fassent, par la voix et des coureurs, bien connaître leur inébranlable résolution de se lever en masse contre les factieux qui voudraient toucher à la dynastie roturière, et leur intention de ne plus se laisser tromper, comme en 1814 et 1815, par les promesses fallacieuses de nos ennemis étrangers, et, s'ils nous attaquent de nouveau, de ne reculer devant aucun sacrifice d'hommes et d'argent pour parvenir, coûte que coûte, à reprendre nos frontières naturelles;.... et nous les aurions.

Que tous ceux qui ont du sang français dans les veines

soient convaincus que les proverbes sont la sagesse expérimentale des nations, et que l'un d'eux dit :

« *Qui veut la paix doit montrer qu'il est assez fort pour faire la guerre.* »

Et qu'un autre s'exprime ainsi :

« *L'union fait la force.* »

FIN.

TABLE DES MATIÈRES.

14

Imprimé par Henri et Charles Noblet, rue Saint-Dominique, 56.

www.ingramcontent.com/pod-product-compliance
Ingram Content Group UK Ltd.
Pitfield, Milton Keynes, MK11 3LW, UK
UKHW012206240726
13966UKWH00002B/611